ISBN-13: 978-1500257453
ISBN-10: 1500257451

Comment auto-éditer un premier livre pour quelques euros

Olivier Dorget

Table des matières

1. Premiers pas

Très enthousiaste de pouvoir partager mes connaissances, ma créativité ou encore ma propre expérience de l'auto-édition, ce manuel pourrait aider les nombreux auteurs qui, comme moi avant, se voient tenir leur propre livre au format papier entre leurs mains. C'est forcément la vision à laquelle nous pensons tous, car elle est le symbole d'un aboutissement. Cependant, beaucoup ne savent pas quel chemin emprunter pour passer du rêve à la réalité et croient communément qu'il leur faudra assumer des frais faramineux pour y arriver.

Le but de cet ouvrage est donc de vous expliquer très concrètement comment écrire votre livre, l'auto-éditer, puis le vendre sur Internet dans l'optique d'atteindre des millions de lecteurs potentiels sans engager plus de quelques euros.

J'ai vu de nombreux auteurs aller toquer aux portes des maisons d'édition, voire certains s'acharner, croyant que la réponse viendrait par le biais de ce canal. Que pour toucher du bout des doigts son premier exemplaire au format papier, il faudrait débourser des milliers d'euros pour en tirer une série complète ! Tout cela est absolument faux.

Il y a d'autres possibilités qui s'offrent à vous. Elles ne sont évidemment pas mises en avant par le milieu de l'édition, car c'est véritablement la peur d'un raz de marée provenant des États-Unis qui résonne au loin. Il se nomme Amazon.

De mon point de vue, l'avènement d'Internet est extraordinaire et est là pour faire émerger tous les talents du monde qui prendront la peine à minima d'écrire leur propre ouvrage. Le reste est finalement « facile » et peu cher. Je parle bien, de ce que je considère comme étant « facile » et peu coûteux, des étapes telles que l'impression de votre livre, la gestion des stocks, l'acheminement des commandes aux clients ou toute autre tâche consistant à gérer physiquement le livre. Le domaine de la communication, le marketing, la distribution ou encore la progression de votre notoriété reste les points forts non négligeables proposés par les maisons d'édition pour rendre vos œuvres accessibles au marché traditionnel des lecteurs. Néanmoins, je vais vous expliquer comment prendre en charge cet aspect-là à moindres frais et assurer votre propre développement commercial et marketing.

Pour le moment, il va être temps de passer à l'action et de faire le point sur ce que vous devez avoir en votre possession avant de vous lancer dans ce prodigieux et palpitant challenge. Votre espoir, qui sait, est de devenir demain la future nouvelle star fulgurante du web ou un auteur de best-seller !

C'est justement ce qui est magique sur la toile, c'est que vous n'imaginez pas à quel point vous avez une véritable opportunité de « gagner un gros lot ». L'avantage, contrairement à une loterie, c'est qu'il n'y a pas qu'un seul gros gagnant, mais il peut y en avoir des millions. Il y en a pour tout le monde ! La différence principale est qu'à ce « jeu », le hasard n'a qu'une faible place et les chances de gagner sont réelles ! Enfin, quelle véritable gloire personnelle que d'avoir votre propre ouvrage exposé au plus grand nombre !

Alors bonne lecture, et que ce contenu vous apporte une belle et grande réussite !

Amicalement,

Olivier Dorget

2. Les prérequis

Pour commencer, il vous faut bien sûr un ordinateur. Je sais que certains vont se dire que c'est une évidence ; or il existe des auteurs qui composent sur papier.

Par contre, si vous avez besoin d'une feuille blanche pour rester créatif et vous sentir à l'aise avec cette matière, n'hésitez pas à continuer de l'utiliser. Mais l'incidence qui en résultera sera une perte de temps lorsque vous devrez transférer tous vos écrits vers un traitement de texte. Cette étape est déjà relativement longue, donc pour ma part, je préfère conceptualiser directement mes idées à travers le PC.

Dans tous les cas, par rapport à ce guide, vous devrez tout de même avoir ce type de support « high-tech » pour rendre votre travail accessible à des personnes clés, dont les correcteurs, et intégrer facilement leurs révisions et commentaires.

Ensuite, je vous propose de créer un compte Google (c'est totalement gratuit). Celui-ci permet de centraliser toutes les fonctionnalités dont nous aurons besoin au fur et à mesure de cet ouvrage. Par exemple, il vous sera nécessaire pour gérer vos mails, réaliser votre future campagne de publicité en ligne, écrire vos documents dans un traitement de texte et partager votre travail. Donc même si vous ne voyez pas encore toutes les possibilités que la conception de ce dernier offre, faites-moi confiance et créez dès à présent deux comptes au minimum en cliquant sur ce lien : https://accounts.google.com/SignUp

L'un sera votre compte d'auteur et l'autre sera un compte dédié aux correcteurs. Le premier vous permet de piloter l'intégralité de vos actions comme annoncées précédemment. Le second est facultatif. Il est possible que les personnes qui vont travailler dans le cadre des relectures et corrections, par exemple, aient déjà leur propre compte. Mais si ce n'est pas le cas, il suffira de partager votre brouillon avec eux ; par l'intermédiaire de ce compte auquel ils auront accès après leur avoir donné le login et le mot de passe que vous aurez déterminé.

Donc, ne mettez surtout pas le même mot de passe pour les deux comptes. L'un vous est totalement réservé, il est personnel et confidentiel, l'autre doit être indépendant, même si certaines informations seront échangées entre les deux comptes ultérieurement.

Vous êtes dorénavant prêt à commencer l'écriture du livre !

Pour cela, vous allez utiliser la partie « Drive » de votre compte Google. https://drive.google.com/

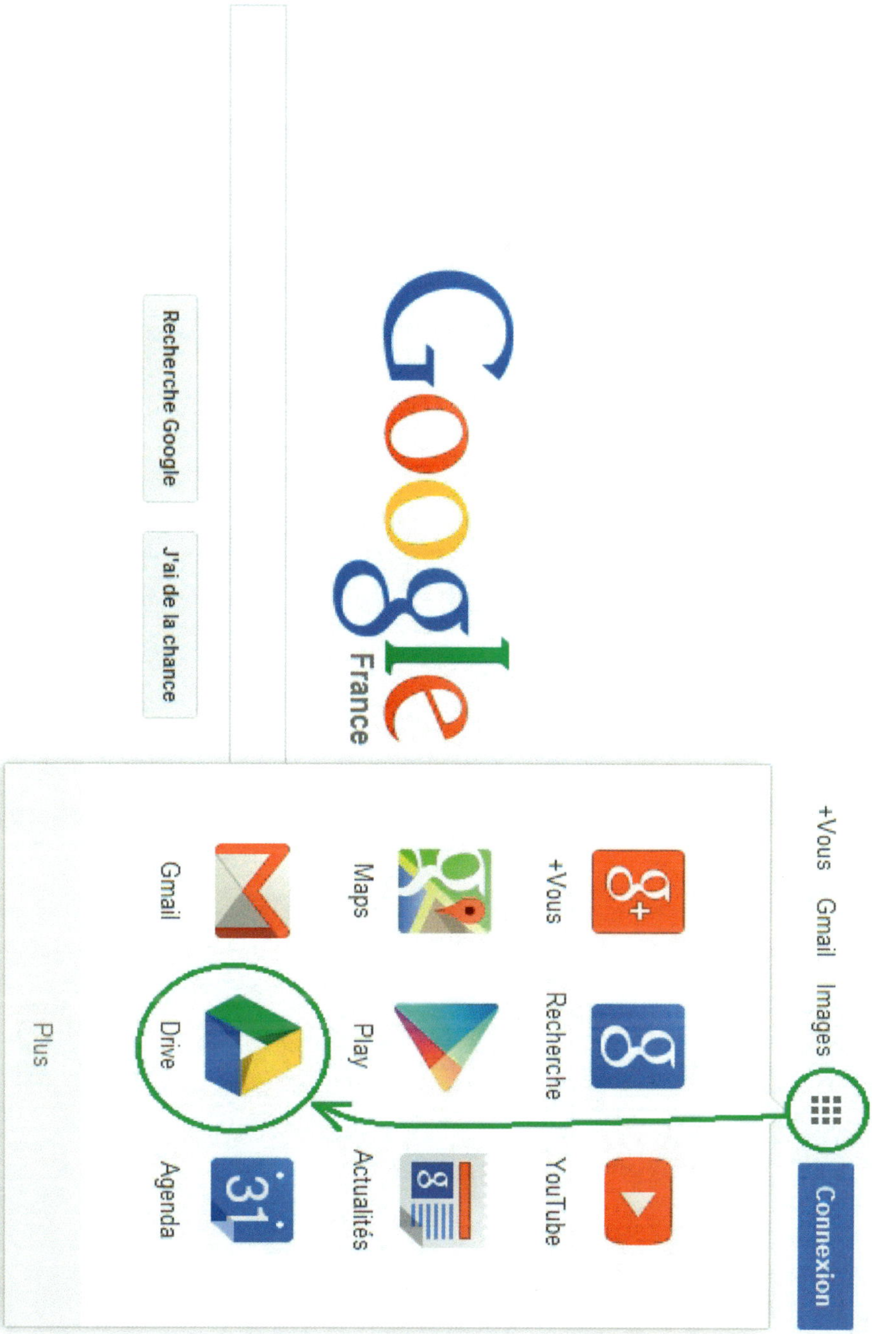
+Vous
Gmail
Images
Connexion
Google
France
Recherche Google
J'ai de la chance
+Vous
Recherche
YouTube
Maps
Play
Actualités
Gmail
Drive
Agenda
Plus

Drive est à la fois un espace de stockage, comme un disque dur, dans lequel vous pourrez mettre tous vos fichiers, mais c'est aussi le moyen d'accéder à vos futurs documents tel que les textes, tableurs, présentations, etc.

Dans Drive, pour créer un nouveau document de type texte :

- accédez à votre Drive,
- cliquez sur le bouton « Créer » (bouton rouge),
- sélectionnez « Document texte » dans le menu déroulant.

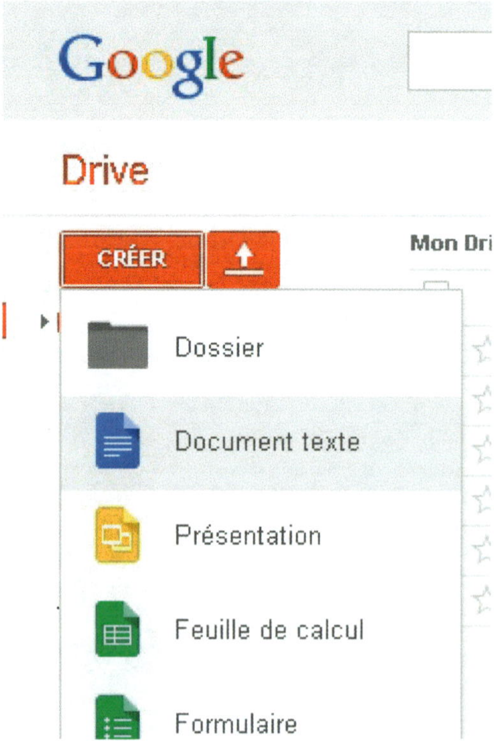

Vous verrez apparaître alors ceci :

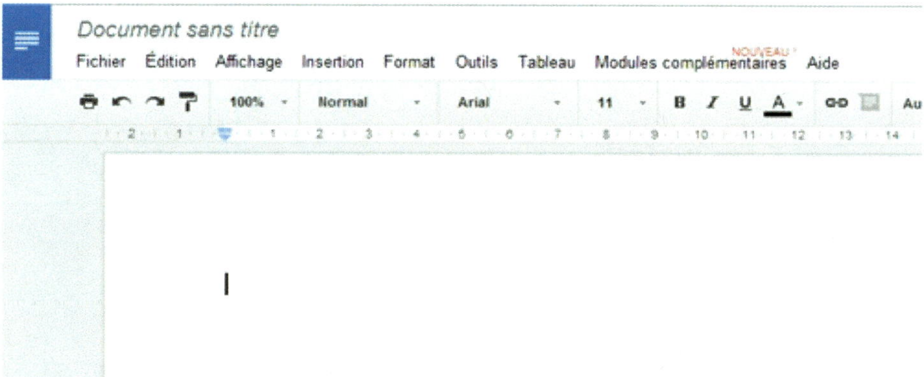

Même si le traitement de texte de Drive est relativement simple et très intuitif, il est largement suffisant pour répondre à 99 % de vos besoins dans l'immédiat.

- **Note importante : Au chapitre 15 vous trouverez une explication sur la possibilité de télécharger un modèle de document Word déjà formaté à la mise en page de votre futur livre. Ce n'est pas une obligation, mais je vous invite à le faire pour faciliter l'intégralité de votre travail plutôt que de partir d'un document vierge, si la mise en page n'est pas votre point fort. Sinon, cela n'a pas grande importance.**

Pour le moment :

- cliquez sur le nom en haut « Document sans titre » et
- renommez-le « mon premier livre » dans la fenêtre qui apparaît

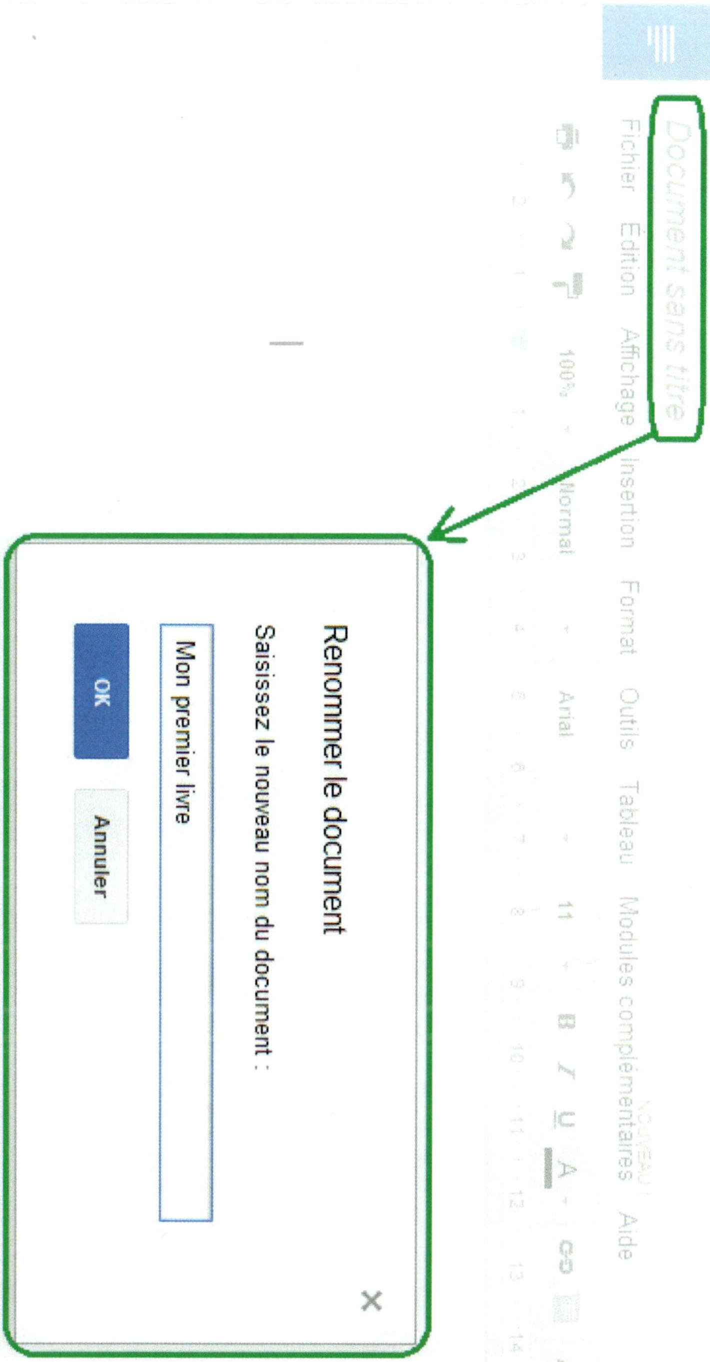
Document sans titre
Fichier
Édition
Affichage
Insertion
Format
Outils
Tableau
Modules complémentaires
Aide
Renommer le document
Saisissez le nouveau nom du document :
Mon premier livre
OK
Annuler

Par la suite, quand vous quitterez votre ordinateur puis reviendrez, vous retrouverez toujours ce manuscrit en suivant le même chemin dans votre « Drive » puis en cliquant sur le fichier « Mon premier livre ».

Google
Drive
CRÉER
Mon Drive
Partagés avec moi
Suivis
Récents
Mon Drive
TITRE
Mon premier livre
PROPRIÉTAIRE
moi
DERNIÈRE MODIFI...
08:51 moi
+Olivier

Toutefois, pour mieux comprendre les possibilités offertes par ce traitement de texte, n'hésitez pas à consulter le centre d'aide Google ici : https://support.google.com/drive/topic/2811805?hl=fr&ref_topic=2811739

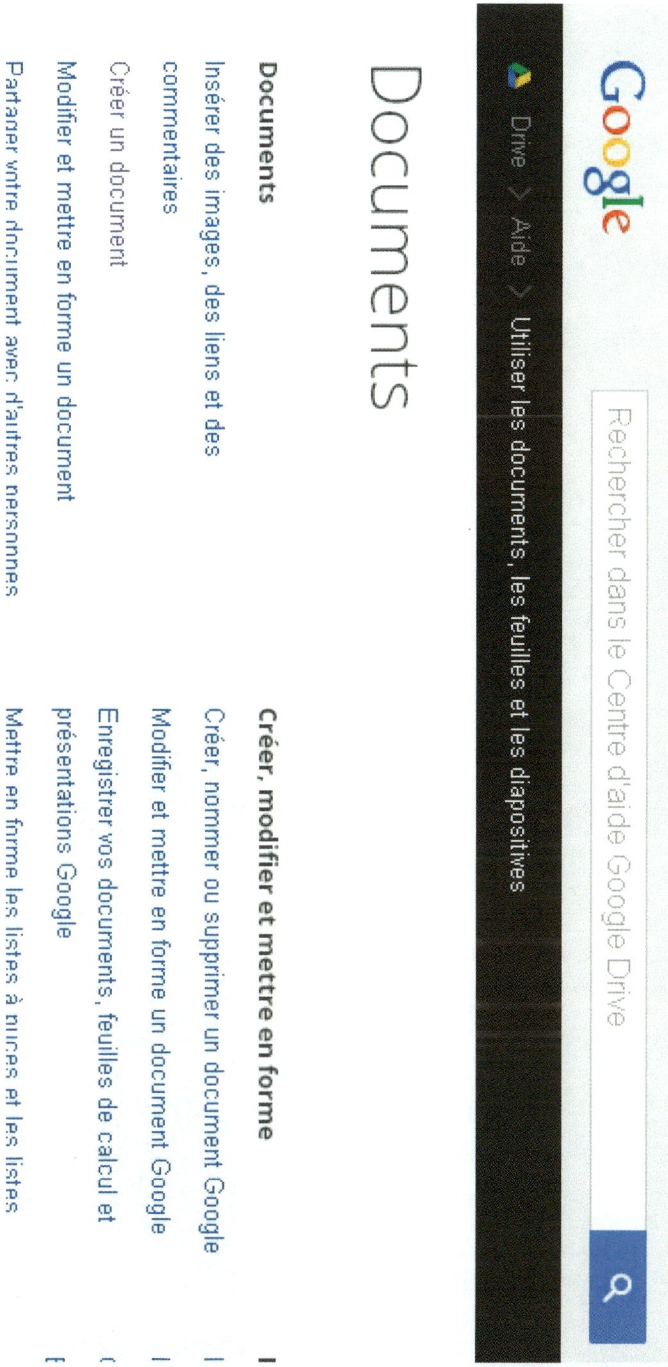
Google
Rechercher dans le Centre d'aide Google Drive
Drive > Aide > Utiliser les documents, les feuilles et les diapositives
Documents
Documents
Insérer des images, des liens et des commentaires
Créer un document
Modifier et mettre en forme un document
Partager votre document avec d'autres personnes
Créer, modifier et mettre en forme
Créer, nommer ou supprimer un document Google
Modifier et mettre en forme un document Google
Enregistrer vos documents, feuilles de calcul et présentations Google
Mettre en forme les listes à puces et les listes

Lorsque vous accédez à « Drive », allez chercher votre manuscrit pour l'ouvrir et travailler dedans. Ce qui est génial c'est que ce travail en ligne vous assure de ne jamais perdre vos données. En effet, vous n'avez nullement besoin de réaliser des sauvegardes régulières de vos documents, car Google le fait pour vous, quasiment, à chaque fois que vous tapez une lettre. De plus, vous pouvez accéder à tout l'historique des modifications si vous vous êtes trompé ou si vous avez fait une fausse manipulation. Donc ici, vos données sont bien protégées et toujours accessibles à partir du moment où vous disposez d'une connexion au Net.

Dans le cas où vous n'auriez pas accès à Internet, la fonction « Hors connexion » vous permettra, malgré tout, de continuer à travailler. Toutes vos modifications faites ainsi seront alors réintégrées au document d'origine dès le passage en mode « connecté ».

Malgré tout, avant d'utiliser cette fonction, je vous invite à l'essayer et à vous exercer sur un texte sans importance pour comprendre son fonctionnement.

Plus d'information ici sur :

https://support.google.com/drive/answer/2375012?hl=fr

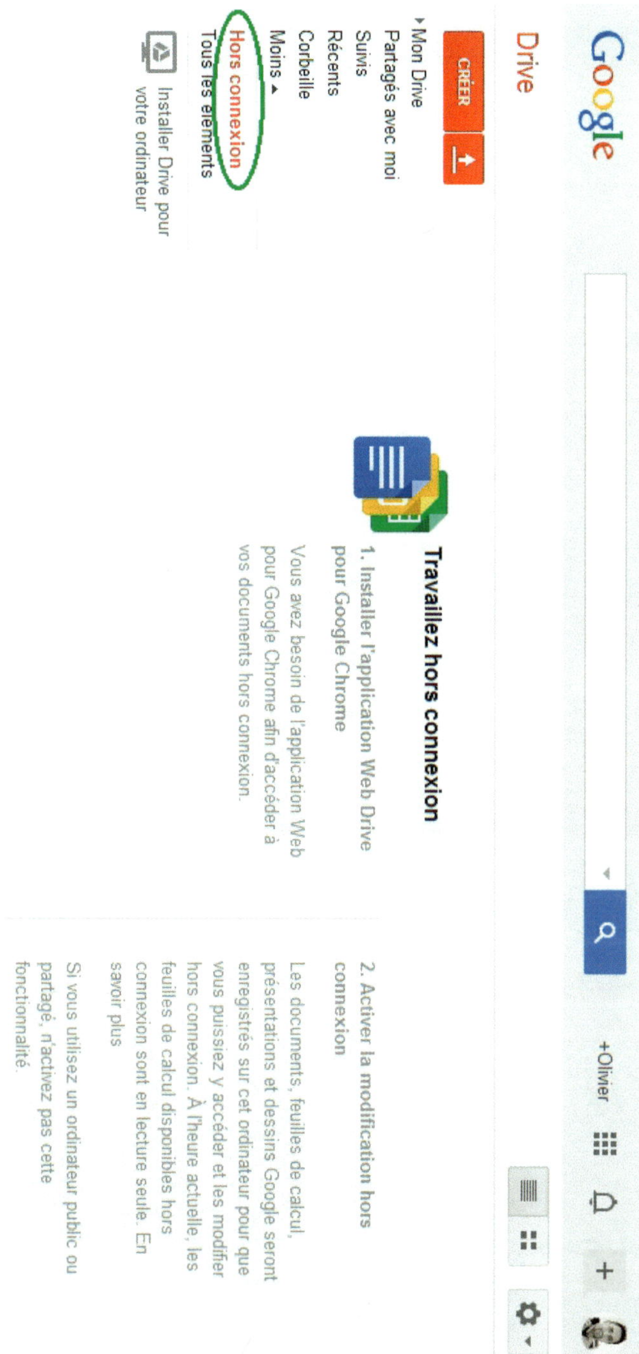
Google
+Olivier
Drive
CRÉER
Mon Drive
Partagés avec moi
Suivis
Récents
Corbeille
Moins
Hors connexion
Tous les éléments
Installer Drive pour votre ordinateur
Travaillez hors connexion
1. Installer l'application Web Drive pour Google Chrome
Vous avez besoin de l'application Web pour Google Chrome afin d'accéder à vos documents hors connexion.
2. Activer la modification hors connexion
Les documents, feuilles de calcul, présentations et dessins Google seront enregistrés sur cet ordinateur pour que vous puissiez y accéder et les modifier hors connexion. À l'heure actuelle, les feuilles de calcul disponibles hors connexion sont en lecture seule. En savoir plus
Si vous utilisez un ordinateur public ou partagé, n'activez pas cette fonctionnalité.

3. Le chapitrage

À vos marques, prêt, feu !

Vous êtes bien positionné pour démarrer la rédaction du contenu ! Vous êtes devant votre écran, une feuille blanche s'offre à vous comme une belle piste de neige poudreuse prête à être dévalée en surf, il ne vous reste plus qu'à vous lancer.

Le plus simple dans l'écriture me semble de commencer par le chapitrage. Cela consiste à rédiger le livre en commençant par une vision macro afin d'arriver au fur et à mesure à une approche micro.
Autrement dit, vous initiez l'ébauche du squelette puis, petit à petit, vous allez l'agrémenter de détails pour lui donner vie.

Cette démarche est intéressante, car vous vous rendrez vite compte qu'en écrivant un livre, on peut facilement se perdre dans ce que l'on est en train de dire. C'est un peu comme si vous aviez posé devant vous sur une table un puzzle dont chaque pièce ne serait pas tenue les unes aux autres. Vouloir le faire pivoter dans son intégralité pour le placer dans le sens qui vous convient deviendrait vite compliqué si vous n'aviez pas une bonne vision de chacune des pièces de ce jeu de patience. Pour le faire pivoter, il faut tourner chaque pièce dans le bon sens, mais aussi, et surtout mettre chacune d'entre elles à la bonne place au risque sinon de tout « casser ».

Le chapitrage est le composant essentiel du livre et regroupe chacune des pièces du jeu sous forme de points qui s'articulent entre eux. Chacun vous permettant alors de le déplacer et de l'adapter facilement à vos besoins.

Dans le cas du présent ouvrage, mon chapitrage a consisté à rédiger dans l'ordre d'écriture chacune des étapes précises de ce livre. C'était mon point de départ. Une fois qu'il me semblait cohérent et qu'il balayait l'ensemble des idées que je voulais aborder, il ne me restait plus qu'à passer à l'étape suivante.

Notez néanmoins que dans l'écriture, j'ai toujours aimé faire deux choses, une fois le chapitrage couché sur papier. La première consiste à mettre sur la première page de mon document le titre du livre. Celui-ci change généralement plusieurs fois tout au long de la rédaction.

Puis, la deuxième juste à la suite, sur la seconde page, j'insère la table des matières (en allant dans le menu « Insertion » puis

« Table des matières »). Au préalable, j'ai pris soin de transformer mon chapitrage présent sur la troisième page en points numérotés dont le format est « Titre 1 »

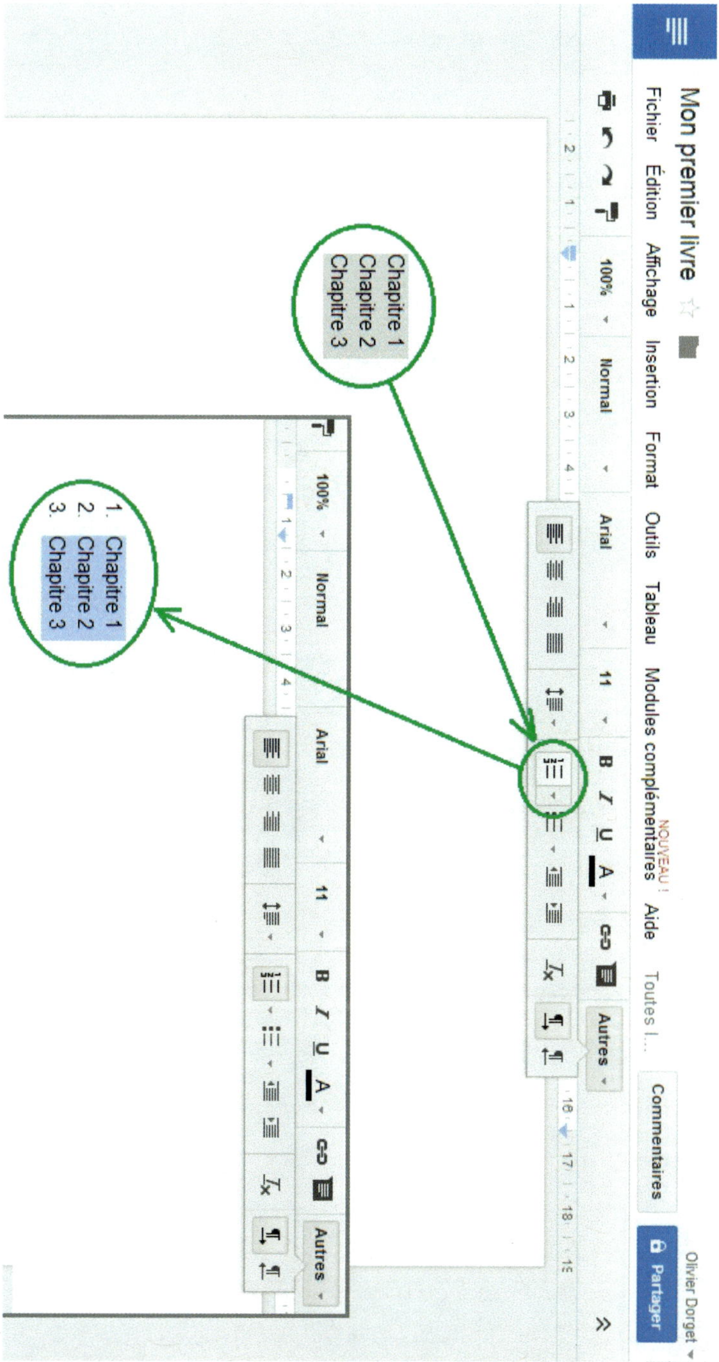
Mon premier livre
Fichier Édition Affichage Insertion Format Outils Tableau Modules complémentaires Aide Toutes l...
NOUVEAU !
Commentaires
Partager
Olivier Dorget
100%
Normal
Arial
11
Autres
Chapitre 1
Chapitre 2
Chapitre 3
1. Chapitre 1
2. Chapitre 2
3. Chapitre 3

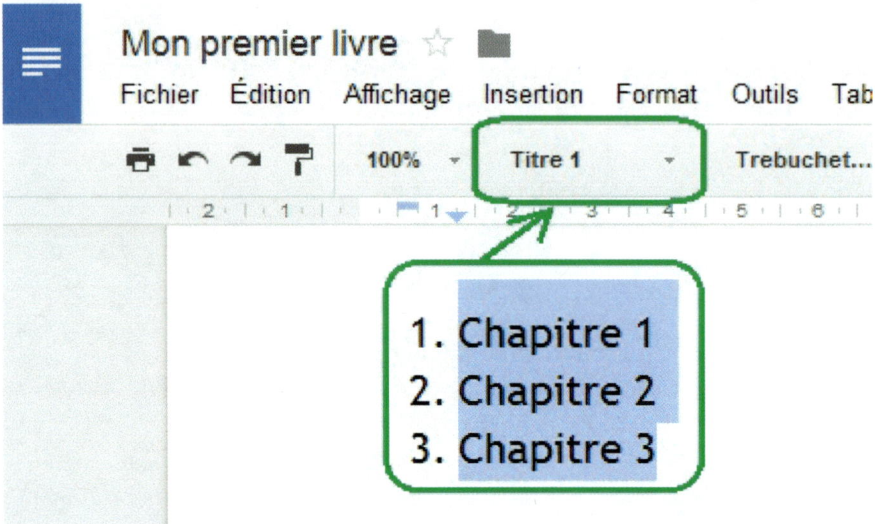

La table des matières se présente alors ainsi sur ma seconde page. La petite icône symbolisant une flèche tournant sur elle-même, à droite, permet de mettre à jour la table. Ainsi, dès qu'un changement de titre est réalisé, une simple actualisation de la table des matières en cliquant sur ce bouton met à jour tous les titres.

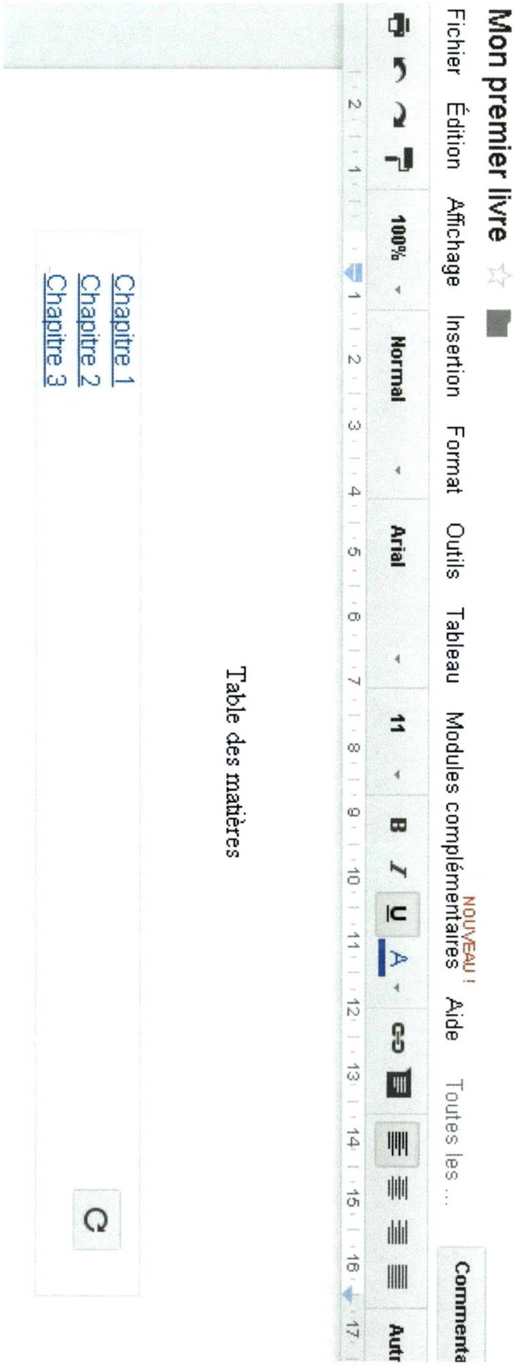
Mon premier livre
Fichier
Édition
Affichage
Insertion
Format
Outils
Tableau
Modules complémentaires
NOUVEAU !
Aide
Toutes les ...
100%
Normal
Arial
11
Table des matières
Chapitre 1
Chapitre 2
Chapitre 3

4. Les sous-chapitres

Maintenant que les fondations sont déjà bien établies, il faut désormais étayer les idées que vous allez intégrer à chacun des chapitres pour créer votre contenu. La manière de procéder est la même que celle vue précédemment, mais il faut commencer à affiner cette approche et ce que l'on veut véritablement dire à travers des idées maîtresses.

Pour ma part, j'ajoute sous chaque chapitre tous les points à aborder. Ce sont des mots-clés ou des phrases courtes que je mets en page grâce aux puces. C'est une étape particulièrement importante à réaliser soigneusement. Une fois lancé dans la rédaction, il vous sera alors facile de passer en revue chacun des points et de vérifier qu'ils ont bien été traités.

Pour cela, je vous conseille de les organiser dans l'ordre chronologique d'écriture, dans lequel vous voulez les voir apparaître.

.

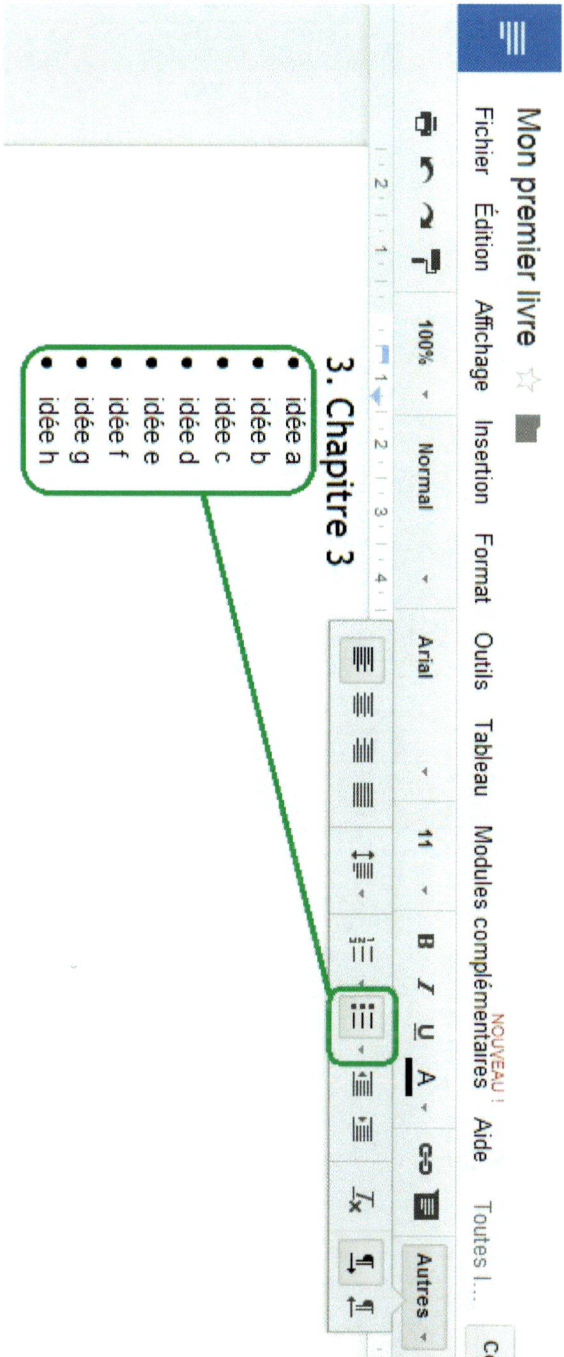

Mon premier livre
Fichier
Édition
Affichage
Insertion
Format
Outils
Tableau
Modules complémentaires
NOUVEAU !
Aide
Toutes l...
100%
Normal
Arial
11
Autres
3. Chapitre 3
idée a
idée b
idée c
idée d
idée e
idée f
idée g
idée h

Je ne vais pas détailler plus ce point, mais sachez qu'il doit être répété pour chaque chapitre de votre livre.

5. L'écriture

Nous y arrivons !

Passons à l'écriture même du contenu. C'est le moment de laisser votre énergie créative se libérer pour ne plus retenir aucun mot en vous ! Faites comme bon vous semble, éprouvez du plaisir et exprimez désormais dans vos pages tout ce que vous avez en tête !

A vous de traiter les chapitres dans l'ordre, ou pas, selon vos désirs, il n'y a pas vraiment de règles ici. Comme dans un film, certaines scènes de la fin peuvent être tournées avant le début. Vous devrez juste vous assurer « au montage » final que tous les éléments sont bien à leur place.

Si vous avez un petit trou de mémoire, appuyez-vous sur votre chapitrage et les points de vos sous-chapitres.

C'est le moment de mettre votre coup de griffe en guise de signature alors faites ce qui vous plaît le plus !

6. La relecture

À ce stade, vous devez avoir terminé l'écriture complète du livre et à minima, vous avez un « premier jet ». Comme on l'apprend dès l'école, et comme on le fait toujours en milieu professionnel, demandez-vous si ce que vous venez d'écrire est impeccable et parfaitement compréhensible. N'acceptez pas les approximations. Soyez strict avec vous-même et un tant soit peu professionnel.

Le plus simple pour réviser toute votre création va consister à la scinder en plusieurs phases. Chacune d'entre elles pourrait nécessiter plusieurs relectures.

Pour cela, je vous conseille d'organiser votre stratégie sous forme de thèmes. Cela vous permettra d'éviter de disperser vos efforts, votre concentration et donc, de perdre du temps.

Je vous donne ci-après les thèmes qu'il vous faut aborder obligatoirement. Chaque point correspond à une **lecture complète** du tapuscrit dans lequel vous vous efforcerez de passer en revue uniquement le point en question pour ne pas baisser en efficacité.

Voici les différentes étapes concernant les diverses relectures de votre ouvrage. Vous devrez traiter tous ces points, **au minimum**, dans un premier temps :

- Première relecture : Est-ce que vos idées seront compréhensibles par un lecteur ? Puis-je améliorer le contenu ? (ensuite, vous pouvez reformuler les passages qui en ont besoin).

- Seconde relecture : Est-ce que le texte comprend des fautes d'orthographe et des erreurs grammaticales ?

- Troisième relecture : Il faut corriger les erreurs typographiques (espaces avant ou après les points, virgules, guillemets et autres ponctuations par exemple).

- Quatrième relecture : La ponctuation est-elle bien faite ?

- Cinquième relecture : Puis-je procéder à la suppression des répétitions et enrichir mes écrits de synonymes ? (essayer ce site par exemple http://www.synonymes.com)

Si vous respectez un tant soit peu ces étapes, vous devriez donc refaire 5 relectures au minimum de votre futur livre ce qui n'est pas une mince affaire, mais qui est absolument indispensable.

Ceci étant primordial, j'ajouterai un sixième point qui me semble judicieux, l'ultime lecture complète du manuscrit ! Celle-ci permet d'avoir une vue d'ensemble de ce dernier.

Enfin, pour ceux qui ne sont véritablement pas à l'aise, sachez qu'il existe des correcteurs automatiques très performants comme le logiciel *Antidote* que je vous recommande vivement. Par contre, ce n'est pas gratuit, mais vous trouverez toutes les informations ici : http://www.antidote.info

7. La reformulation

Si vous avez bien suivi le chapitre précédent, nous abordons ici le premier thème, à traiter, lors de votre première relecture.

Mettez-vous dans la peau de vos futurs lecteurs en lisant votre texte. La seule différence qu'il existe entre eux et vous est que lorsqu'ils seront en train de lire le contenu, s'ils ne comprennent pas ce que vous avez voulu expliquer, ils ne pourront pas se tourner vers vous et vous demander des éclaircissements ou des précisions. Il vous faut donc à la fois vous mettre à leur place, tout en restant l'auteur simultanément. Ce travail n'est pas facile à cause de cette dualité de la tâche, mais il n'est pas impossible non plus. Vous savez ce que vous avez voulu exprimer, alors tentez à chaque mot, chaque ligne et chaque paragraphe de faire comme si c'était la première fois que vous découvriez l'information pour voir si vous la comprenez aisément. Pour cela, mon astuce consiste à lire le texte à haute voix.
Dès qu'un point vous paraît mal dit, il faut immédiatement le reformuler autrement. Cela doit vous sembler fluide et compréhensible par tous, tout en respectant votre style.

Ne vous dites pas que vous allez remettre à plus tard cette première étape, car c'est de celle-ci que découle tout le reste. Donc ne l'omettez pas, faites de votre mieux pour commencer à approcher le livre dans sa version définitive en terme de contenu et de style.

8. Les corrections et améliorations

Ici ce sont les points de 2 à 5 que j'aborde du chapitre 6 « la relecture ».

Personnellement, je ne m'estime ni être bon en orthographe, ni en grammaire. Le plus simple quand on a des lacunes est de faire appel à une personne autour de soi en mesure de vous aider. Il y a forcément quelqu'un qui a de bonnes connaissances en langue française. Si vraiment vous ne trouvez pas, tentez de sympathiser avec un étudiant en lettres, une personne qui aime la lecture ou qui s'y connaît par exemple.

De mon côté, pour mon premier livre, j'avais sollicité des amies et mon père.

C'est ici que le second compte Google que vous avez créé au départ prend tout son sens. Vous rappelez-vous mes mots dans le chapitre 2 des prérequis ? « L'un sera votre compte d'auteur et l'autre sera un compte dédié aux correcteurs ».

Vous allez donc partager votre tapuscrit avec le compte correcteur. Celui-ci sera en mesure de venir apporter les corrections qu'il détectera directement dans le document. Il pourra également vous faire part de ses remarques et annotations. Mais attention, il faudra toujours contrôler chaque information qui y est incorporée pour éviter des incompréhensions et mauvaises formulations de leur part. Ils vont donc utiliser la fonction de « commentaire » du traitement de texte pour cela.

Prenons un cas concret :

En tant qu'auteur, vous allez déjà commencer par partager votre document avec le compte du correcteur pour qu'il puisse le visualiser et travailler dessus.

Pour cela :

- ouvrez votre document « Mon premier livre »

- en haut à droite, cliquez sur le bouton « Partager ».

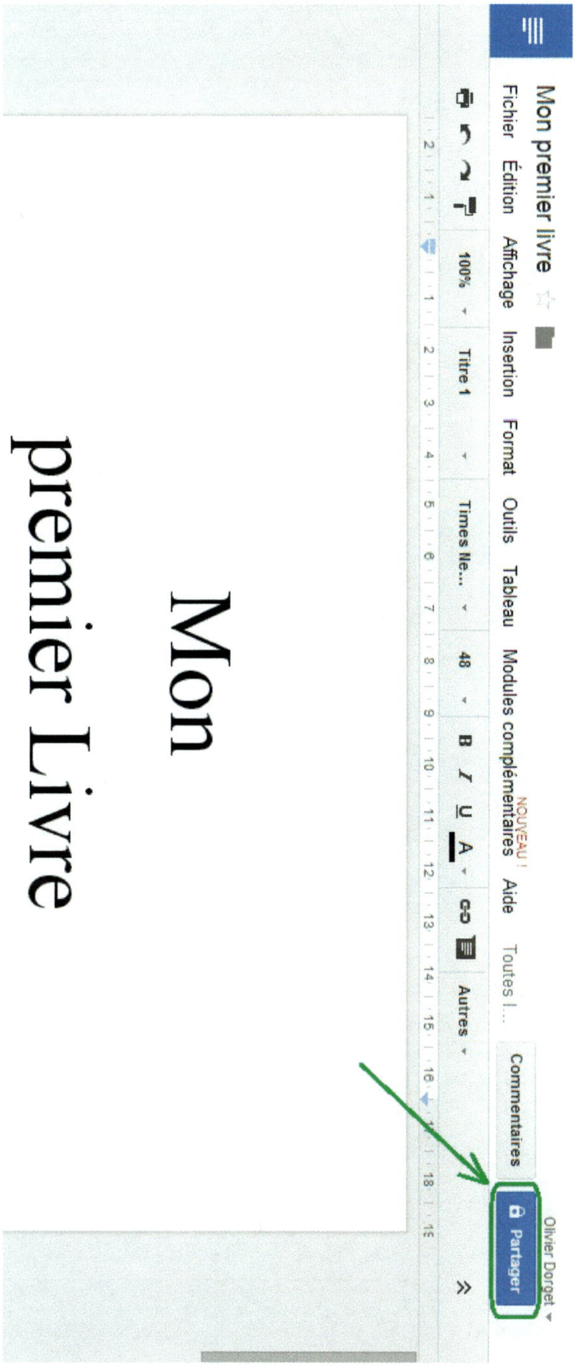
Mon premier livre
Fichier Édition Affichage Insertion Format Outils Tableau Modules complémentaires Aide Toutes l...
NOUVEAU !
Commentaires
Olivier Dorget
Partager
100%
Titre 1
Times Ne...
48
Autres
Mon
premier Livre

- Dans la fenêtre qui s’ouvre, renseignez l’adresse mail du compte correcteur que vous avez créé précédemment (ou écrivez l’adresse mail de la personne qui a déjà son compte Gmail).

- Donnez-lui le droit « commentateur » :

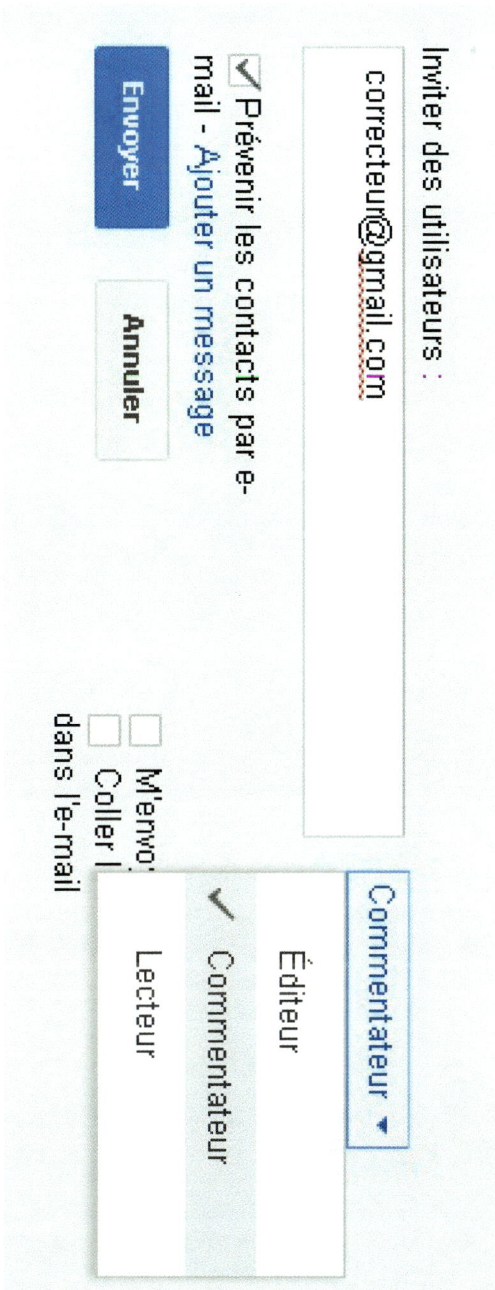
Inviter des utilisateurs :
correcteur@gmail.com
Commentateur
Éditeur
Commentateur
Lecteur
Prévenir les contacts par e-mail - Ajouter un message
M'envo
Coller l
dans l'e-mail
Envoyer
Annuler

Ce n’est qu’à partir de cette étape que la personne sélectionnée ici pourra lire votre livre et apporter des commentaires sur son contenu.

De son côté, elle pourra sélectionner le texte qu’elle estime devoir modifier ou corriger.

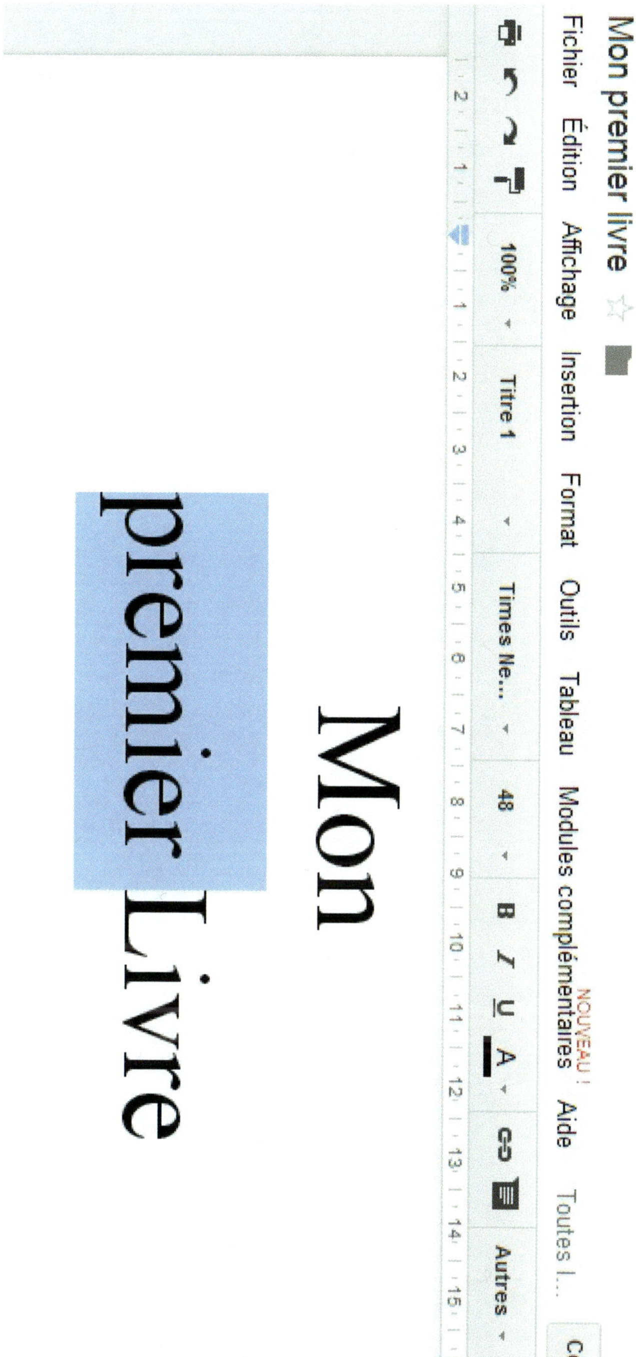
Mon premier livre
Fichier Édition Affichage Insertion Format Outils Tableau Modules complémentaires Aide Toutes l...
NOUVEAU !
100%
Titre 1
Times Ne...
48
B I U A
Autres
Mon premier Livre

- Pour insérer des modifications, des corrections orthographiques ou grammaticales, ou simplement des commentaires, le correcteur sélectionne le texte à revoir, se positionne dans le menu « Insertion » puis « Commentaires » (ou appuie sur les touches Ctrl+Alt+M)

Mon premier livre
Fichier
Édition
Affichage
Insertion
Format
Outils
Tableau
100%
Image...
Lien... Ctrl+K
Équation...
Dessin...
Tableau
Commentaire Ctrl+Alt+M
Note de bas de page Ctrl+Alt+F

- Il ajoute son commentaire

- puis termine en cliquant sur « Commenter ».

Mon premier livre
Fichier Édition Affichage Insertion Format Outils Tableau Modules complémentaires NOUVEAU ! Aide Toutes l...
Correcteur
Commentaires
Partager
100%
Titre 1
Times Ne...
48
Autres
Mon
premier Livre
Correcteur
1er
Commenter
Annuler

De votre côté, les commentaires apparaissent en jaune dans le document et vous voyez à droite ce que le correcteur a proposé par rapport à la zone sélectionnée :

Mon premier livre
Fichier Édition Affichage Insertion Format Outils Tableau Modules complémentaires Aide Toutes l...
NOUVEAU !
Correcteur
Commentaires
Partager
100%
Titre 1
Times Ne...
48
Autres
Mon
premier Livre
Correcteur
09:18 Aujourd'hui
1er

Toujours à partir de votre compte, lorsque vous cliquez sur la zone en surbrillance (zone ici en jaune), le commentaire change d'apparence et propose 2 options :

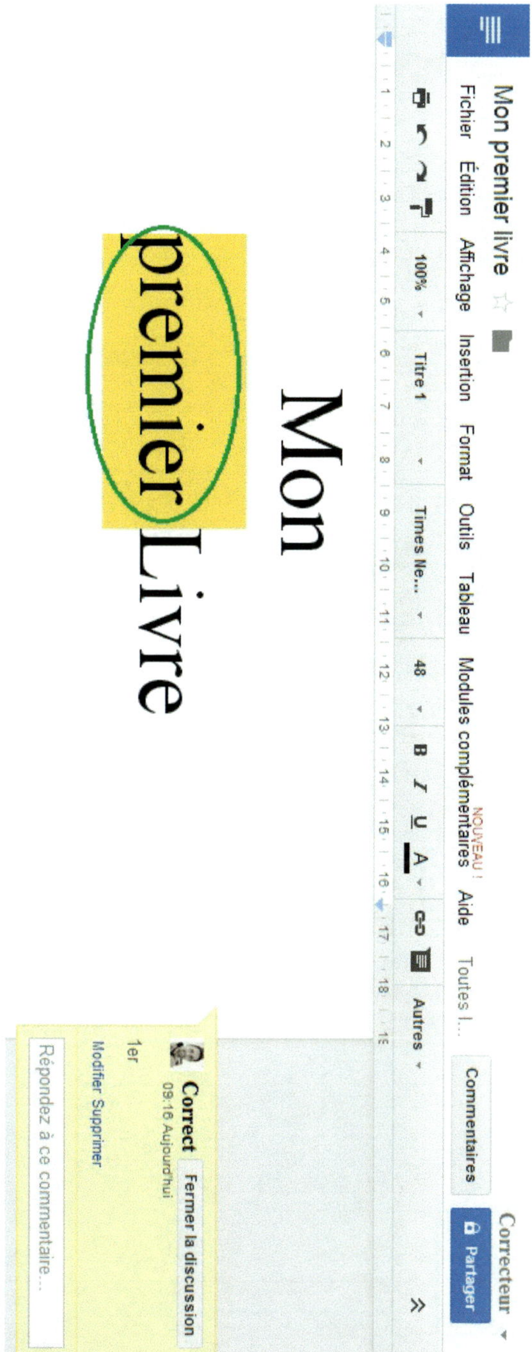
Mon premier livre
Fichier Édition Affichage Insertion Format Outils Tableau Modules complémentaires NOUVEAU ! Aide Toutes l...
Correcteur
Commentaires
Partager
100%
Titre 1
Times Ne...
48
Autres
Mon
premier Livre
Correct
09:16 Aujourd'hui
Fermer la discussion
1er
Modifier Supprimer
Répondez à ce commentaire...

Soit, vous pouvez ajouter un commentaire pour répondre à celui du correcteur, soit, vous pouvez fermer la discussion.

Je vous conseille d'intégrer la rectification si elle vous semble judicieuse puis de fermer les discussions au fur et à mesure pour ne pas vous laisser envahir visuellement.

Pour information, désormais, je fais appel à www.correction-coquilles.net les tarifs correspondent à mon budget et le travail est soigné donc je vous le recommande sans hésitation. Je lui ai proposé ce mode de collaboration et le temps gagné ainsi est non négligeable.

Une fois que ces étapes ont été franchies, vous vous rapprochez de la relecture finale.

9. Double relecture finale

Une fois qu'un premier correcteur a réalisé ce travail, j'aime faire relire et retravailler le texte par un second correcteur. L'idéal est d'avoir une personne qui ne connaît rien de votre ouvrage et qui le lira la première fois comme un lecteur lambda. Il pourra rapidement émettre un avis et des critiques globales qui pourront éventuellement vous faire revenir en arrière, hélas !

Un peu comme au jeu de l'oie, mais qui en réalité vous feront avancer en retravaillant certaines parties. Si par contre, tout est quasiment parfait, elle pourra faire une seconde lecture pour apporter cette fois-ci les petites corrections qu'elle aura éventuellement détectées. Désormais, vous êtes très proche de votre version finale !

10. Deux lectures extérieures

Une fois que toutes les corrections et améliorations vous semblent avoir été faites et que vous ne pouvez véritablement pas faire mieux, je vous invite à distribuer votre manuscrit à deux personnes extérieures à ce projet et qui, si possible correspondent à votre cible. L'idéal est de l'imprimer au format papier pour éviter que vos écrits se « baladent » en version numérique d'un endroit à l'autre sur la toile. Je fais largement confiance à mes amis et à Google pour ne pas m'inquiéter de cela et partager directement mon document en ligne avec des personnes qui auront uniquement un accès en lecture, voire de correcteur. À vous de décider si vous voulez qu'ils puissent proposer des corrections ou des commentaires s'ils ne comprennent pas certains de vos passages.

.

11. Intégration des avis

Un point particulier auquel vous devez prêter une grande attention est l'ensemble des avis qui vont être émis. Il est vraiment souhaitable de les écouter et éventuellement de les prendre en compte pour les intégrer dans votre travail.

Attention, ce n'est pas une obligation, mais je vous le recommande. Certaines personnes trouveront votre travail génial et d'autres non. Dans tous les cas, essayer de suivre votre chemin en fonction de votre style tout en prenant en compte les remarques constructives. Il faut évidemment que cela respecte le cheminement de vos idées. Accepter juste le fait que parmi la remontée des critiques, des avis ou des demandes, vous ne pourrez pas plaire ni faire plaisir à tout le monde.

Le risque majeur serait de perdre l'intérêt même de vos écrits.

12. La préparation de l'épreuve

Vos amis, lecteurs et correcteurs ont participé à votre premier projet. Il est temps désormais de passer à un autre point palpitant, la préparation du livre au format papier, sans oublier également la version numérique ! C'est l'une des étapes que je trouve des plus exaltantes, car c'est le moment de donner naissance à son bébé !

Pour cela, j'utilise le système d'auto-publication fourni par le géant américain Amazon sous le nom de Createspace.com. Il sera en mesure de mettre à votre disposition une épreuve de votre livre dans une qualité impeccable pour environ 2 € l'unité auquel il faut rajouter approximativement 5 € de frais de port.

En France dans le domaine de l'édition, nous ne sommes pas dans la même gamme de tarifs et bien souvent, vous aurez l'obligation implicite, voire contractuelle, d'imprimer carrément des centaines d'exemplaires une fois votre publication validée.

13. Création du compte

La première chose à faire ici est de se connecter au site Createspace.com pour créer votre compte de futur auto-éditeur en cliquant sur « Sign Up ».

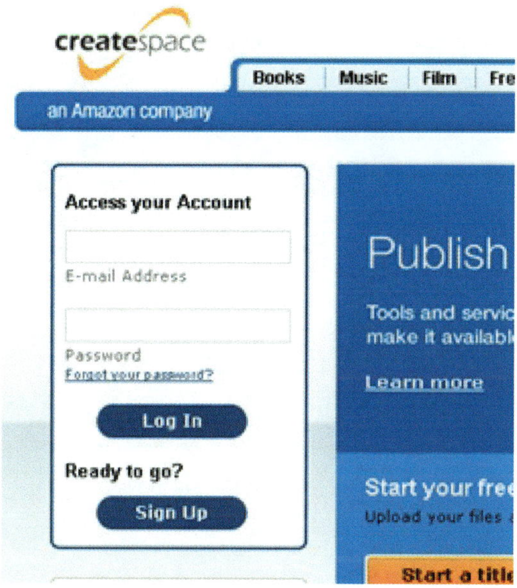

Si vous ne comprenez pas l'américain, pas de soucis ! Utilisez le navigateur Google Chrome et faites un clic droit n'importe où sur la page d'accueil et sélectionner « Traduire en français ».

Il vous faudra refaire cette manipulation à chaque nouveau chargement de page pour traduire les différents contenus.

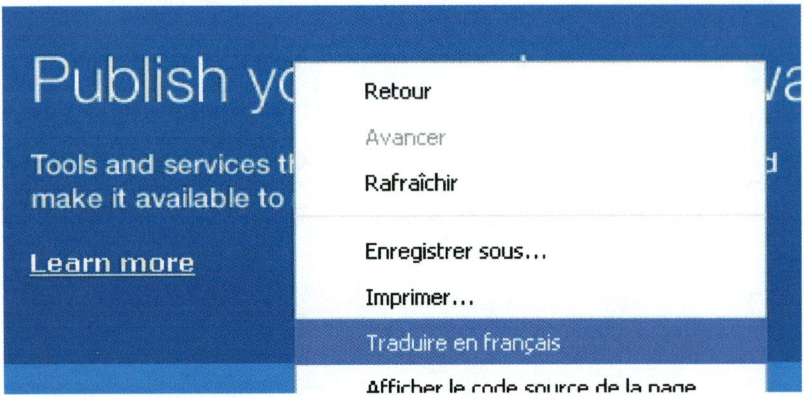

À partir de cette étape là, tout reste relativement simple et logique :

- Cliquez sur le bouton « Inscrivez-vous » en bas à gauche.

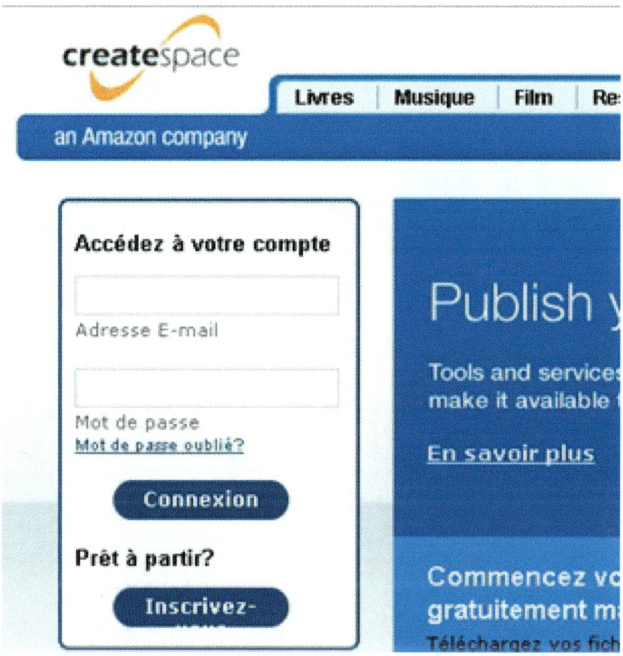

14. Ajout des informations concernant votre ouvrage à éditer

Une fois connecté, vous allez créer votre premier livre en cliquant sur « Ajouter titre » (Add New Title).

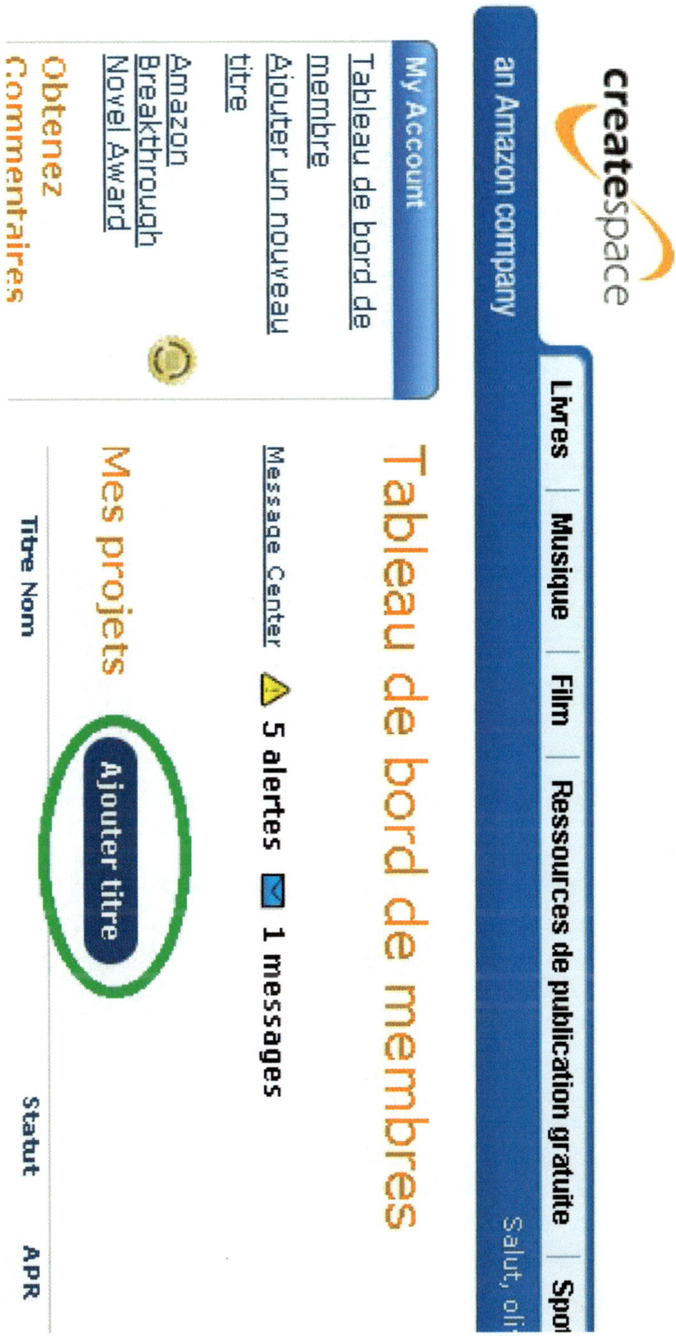
createspace
an Amazon company
Livres
Musique
Film
Ressources de publication gratuite
Salut, oli
My Account
Tableau de bord de membre
Ajouter un nouveau titre
Amazon Breakthrough Novel Award
Obtenez Commentaires
Tableau de bord de membres
Message Center
5 alertes
1 messages
Mes projets
Ajouter titre
Titre Nom
Statut
APR

Après quoi, vous arrivez sur le premier écran qui permet de renseigner des informations de base sur votre projet, le livre :

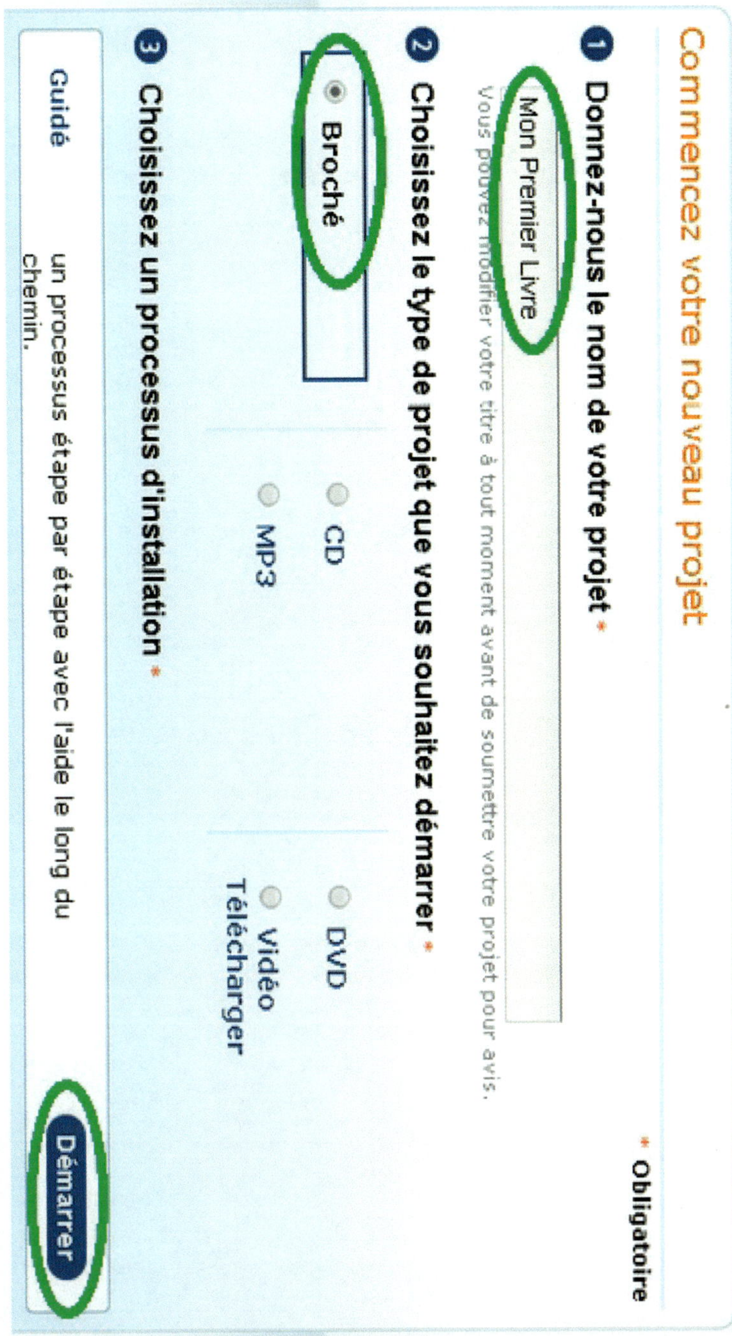
Commencez votre nouveau projet
* Obligatoire
1 Donnez-nous le nom de votre projet *
Mon Premier Livre
Vous pouvez modifier votre titre à tout moment avant de soumettre votre projet pour avis.
2 Choisissez le type de projet que vous souhaitez démarrer *
Broché
CD
DVD
MP3
Vidéo Télécharger
3 Choisissez un processus d'installation *
Guidé
un processus étape par étape avec l'aide le long du chemin.
Démarrer

- Donnez les noms de votre livre (Tell us the name of your project)

- Choisissez « Broché » pour dire que vous voulez faire un livre en version papier (Paperback)

- Cliquez sur le bouton « Démarrer » du processus « Guidé » d'installation (au moins la toute première fois) / (Guided / Get Started).

Ensuite, dans la seconde fenêtre, inscrivez les informations propres à cet ouvrage et laissez-vous guider en remplissant au minimum les champs comportant un astérisque rouge :

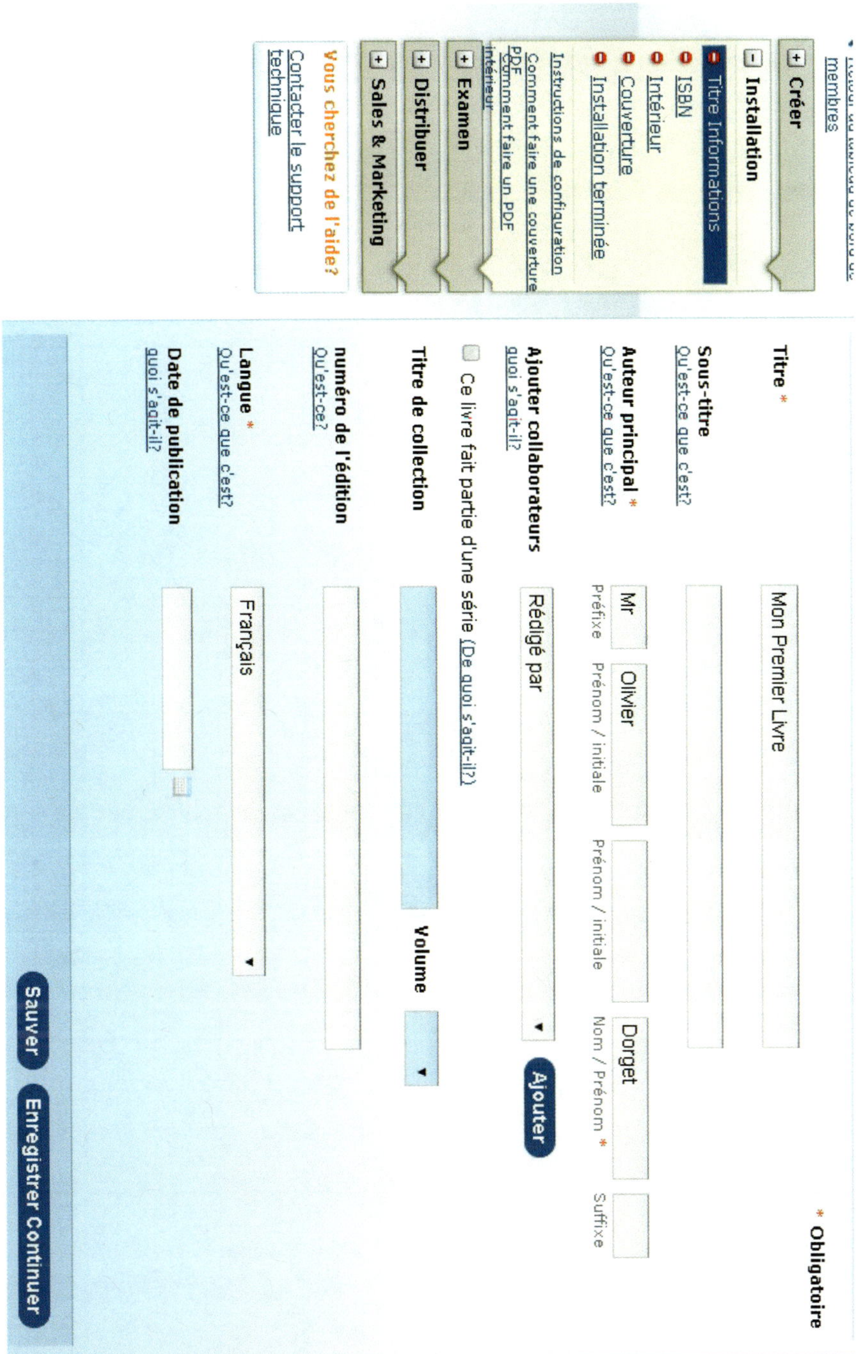
membres
Créer
Installation
Titre Informations
ISBN
Intérieur
Couverture
Installation terminée
Instructions de configuration
Comment faire une couverture PDF
Comment faire un PDF intérieur
Examen
Distribuer
Sales & Marketing
Vous cherchez de l'aide?
Contacter le support technique
* Obligatoire
Titre *
Mon Premier Livre
Sous-titre
Qu'est-ce que c'est?
Auteur principal *
Qu'est-ce que c'est?
Mr
Olivier
Dorget
Préfixe
Prénom / initiale
Prénom / initiale
Nom / Prénom *
Suffixe
Ajouter collaborateurs
quoi s'agit-il?
Rédigé par
Ajouter
Ce livre fait partie d'une série (De quoi s'agit-il?)
Titre de collection
Volume
numéro de l'édition
Qu'est-ce?
Langue *
Qu'est-ce que c'est?
Français
Date de publication
quoi s'agit-il?
Sauver
Enregistrer Continuer

- Titre (Title)

- Auteur (Primary Author)

- Langue (Language)

Cliquez, sur « Enregistrer et continuer » (Save & Continue)

Dans la nouvelle fenêtre qui s'affiche :

- Prenez l'option « Gratuit ISBN CreateSpace Attribuée » (Free CreateSpace-Assigned ISBN), puis

- cliquer sur le bouton « Attribuer gratuit ISBN » (Assign Free ISBN).

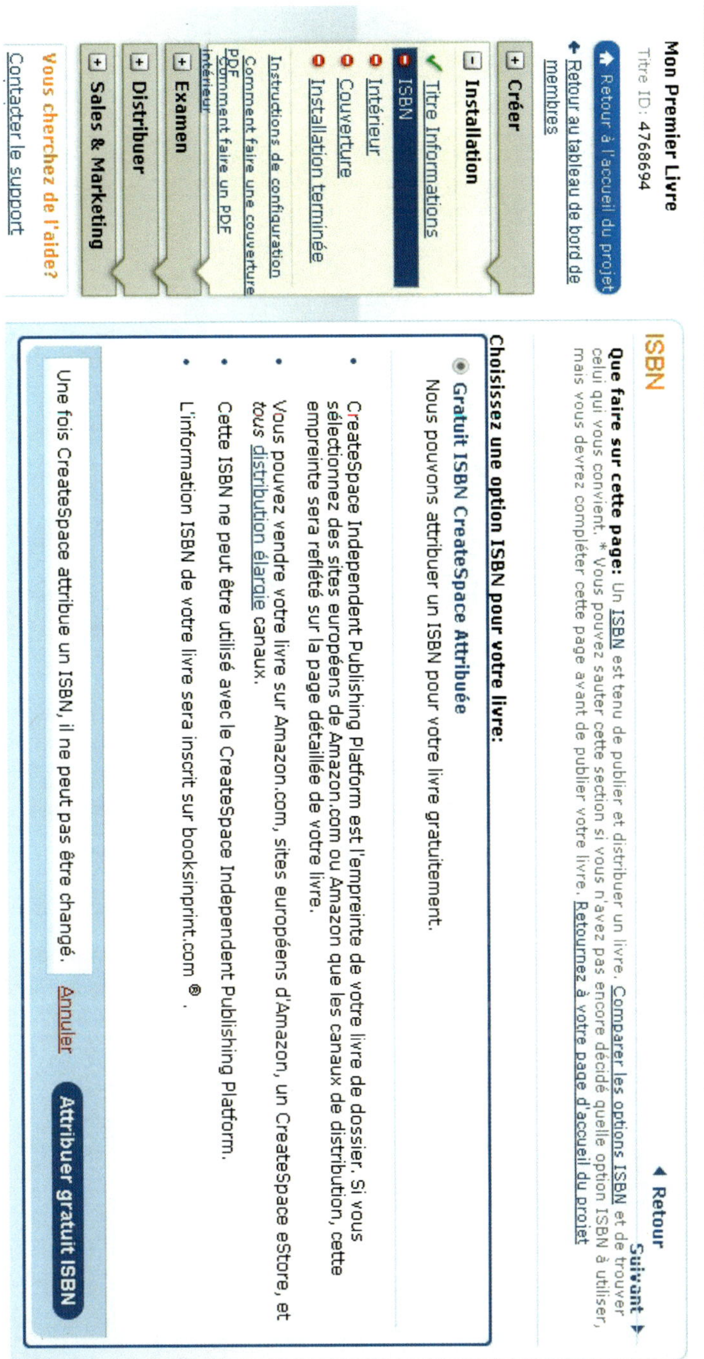
Mon Premier Livre
Titre ID: 4768694
Retour à l'accueil du projet
Retour au tableau de bord de membres
Créer
Installation
Titre Informations
ISBN
Intérieur
Couverture
Installation terminée
Instructions de configuration
Comment faire une couverture PDF
Comment faire un PDF intérieur
Examen
Distribuer
Sales & Marketing
Vous cherchez de l'aide?
Contacter le support
ISBN
Retour
Suivant
Que faire sur cette page: Un ISBN est tenu de publier et distribuer un livre. Comparer les options ISBN et de trouver celui qui vous convient. * Vous pouvez sauter cette section si vous n'avez pas encore décidé quelle option ISBN à utiliser, mais vous devrez compléter cette page avant de publier votre livre. Retournez à votre page d'accueil du projet
Choisissez une option ISBN pour votre livre:
Gratuit ISBN CreateSpace Attribuée
Nous pouvons attribuer un ISBN pour votre livre gratuitement.
CreateSpace Independent Publishing Platform est l'empreinte de votre livre de dossier. Si vous sélectionnez des sites européens de Amazon.com ou Amazon que les canaux de distribution, cette empreinte sera reflété sur la page détaillée de votre livre.
Vous pouvez vendre votre livre sur Amazon.com, sites européens d'Amazon, un CreateSpace eStore, et tous distribution élargie canaux.
Cette ISBN ne peut être utilisé avec le CreateSpace Independent Publishing Platform.
L'information ISBN de votre livre sera inscrit sur booksinprint.com ®.
Une fois CreateSpace attribue un ISBN, il ne peut pas être changé.
Annuler
Attribuer gratuit ISBN

Vous aurez ainsi votre propre numéro ISBN, comme « les grands » !

La fenêtre suivante vous indique juste que votre numéro ISBN est bloqué et ne pourra plus être changé (c'est tout à fait normal).

- Cliquez juste sur le bouton « Continuer » (Continue).

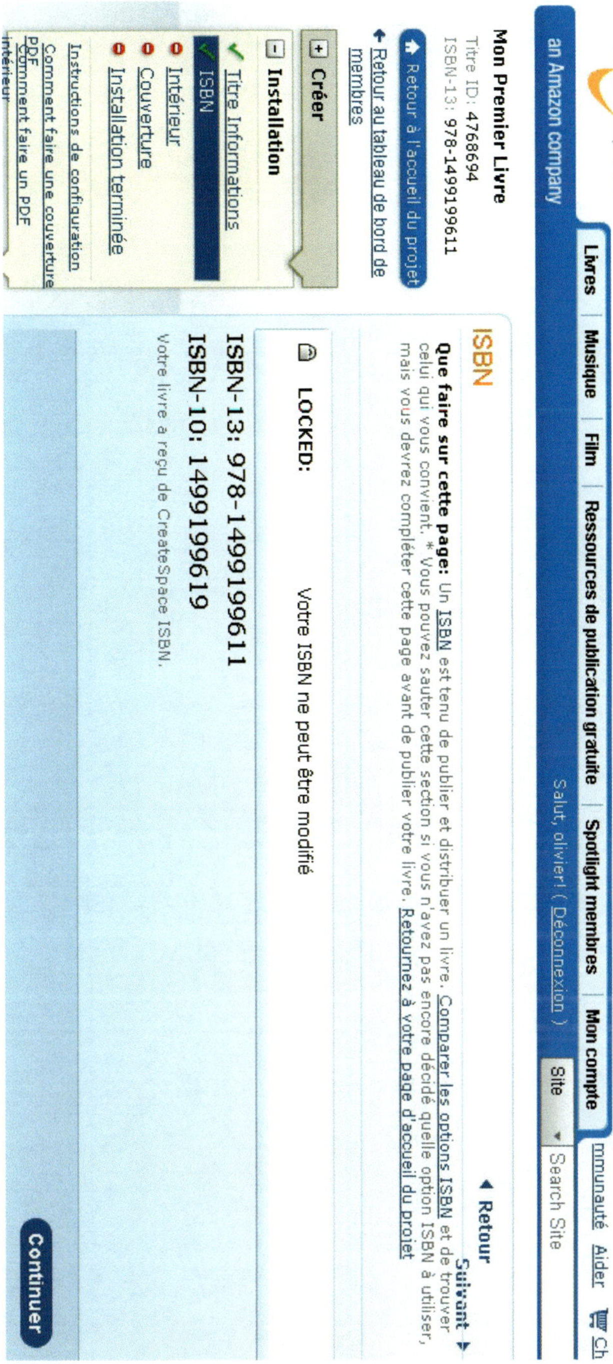
an Amazon company
Livres
Musique
Film
Ressources de publication gratuite
Spotlight membres
Mon compte
mmunauté
Aider
Salut, olivier! (Déconnexion)
Site
Search Site
Mon Premier Livre
Titre ID: 4768694
ISBN-13: 978-1499199611
Retour à l'accueil du projet
Retour au tableau de bord de membres
Créer
Installation
Titre Informations
ISBN
Intérieur
Couverture
Installation terminée
Instructions de configuration
Comment faire une couverture PDF
Comment faire un PDF intérieur
ISBN
Retour
Suivant
Que faire sur cette page: Un ISBN est tenu de publier et distribuer un livre. Comparer les options ISBN et de trouver celui qui vous convient. * Vous pouvez sauter cette section si vous n'avez pas encore décidé quelle option ISBN à utiliser, mais vous devrez compléter cette page avant de publier votre livre. Retournez à votre page d'accueil du projet
LOCKED:
Votre ISBN ne peut être modifié
ISBN-13: 978-1499199611
ISBN-10: 1499199619
Votre livre a reçu de CreateSpace ISBN.
Continuer

15. Choix de l'aspect intérieur et de la couverture

Ultérieurement, vous arrivez sur cette fenêtre. Côté gauche, cela vous permet de choisir le type d'intérieur que vous désirez. Traditionnellement, les ouvrages comme les romans (ou sans photos par exemple) ont un intérieur noir & blanc (Interior Type — Black & White) sur papier blanc (Paper Color — White). Rien ne vous empêche de sélectionner un intérieur en couleur sur papier crème étant donné que les options sont disponibles.

Sur le côté droit, choisissez la taille du livre qui vous convient. J'aime le format 5 » x 8 » (12,7 x 20,32 cm). Là aussi, vous êtes libre d'opter parmi les autres formats proposés, rien n'est imposé. Néanmoins, si vous ne savez pas quel format choisir, regardez sur Amazon ce que fait la concurrence pour vous en inspirer en sélectionnant des ouvrages proches du vôtre.

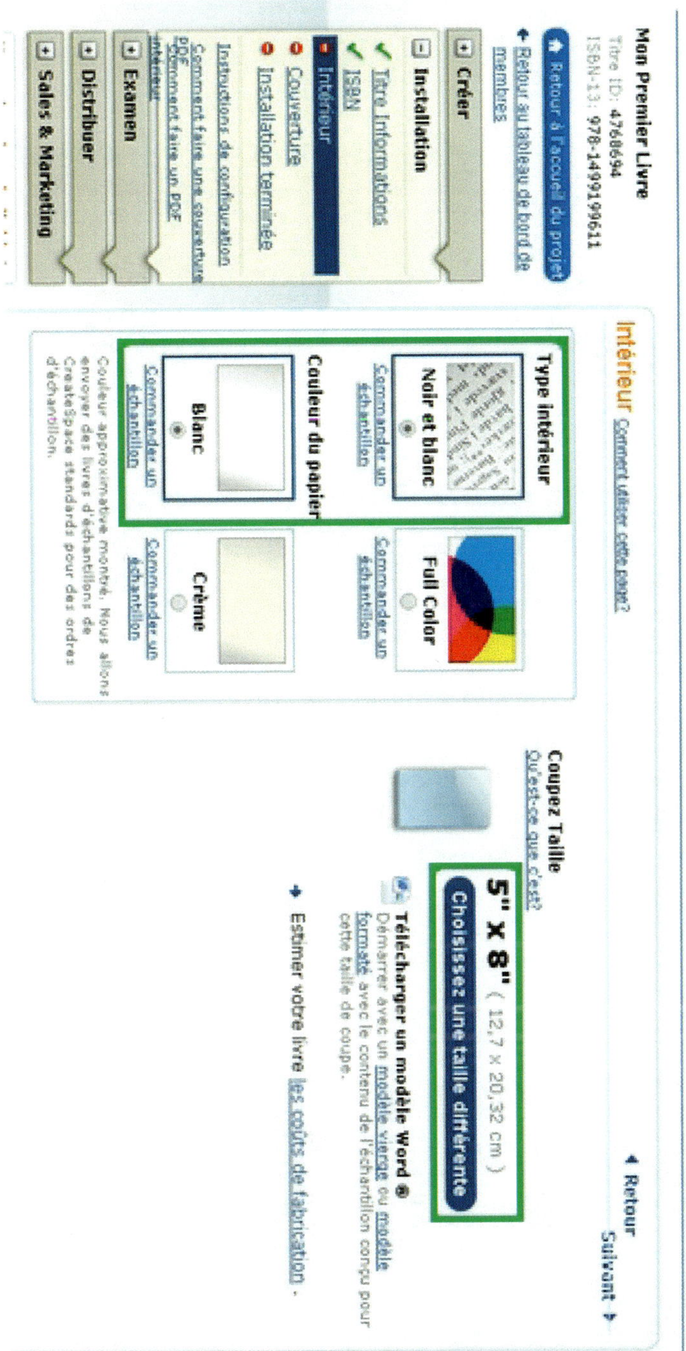
Mon Premier Livre
Titre ID: 4768694
ISBN-13: 978-1499199611
Retour à l'accueil du projet
Retour au tableau de bord de membres
Créer
Installation
Titre Informations
ISBN
Intérieur
Couverture
Installation terminée
Instructions de configuration
Comment faire une couverture PDF
Comment faire un PDF intérieur
Examen
Distribuer
Sales & Marketing
Intérieur Comment utiliser cette page?
Type intérieur
Noir et blanc
Commander un échantillon
Full Color
Commander un échantillon
Couleur du papier
Blanc
Commander un échantillon
Crème
Commander un échantillon
Couleur approximative montré. Nous allons envoyer des livres d'échantillons de CreateSpace standards pour des ordres d'échantillon.
Coupez Taille
Qu'est-ce que c'est?
5" x 8" (12,7 x 20,32 cm)
Choisissez une taille différente
Télécharger un modèle Word ®
Démarrer avec un modèle vierge ou modèle formaté avec le contenu de l'échantillon conçu pour cette taille de coupe.
Estimer votre livre les coûts de fabrication.
Retour
Suivant

- **Note : C'est optionnel, mais cela peut vous aider si la mise en page n'est pas votre fort : à droite, vous pouvez télécharger un modèle de document Word (Download a Word® Template) en y intégrant votre tapuscrit au bon format.**

Pour rappel, le copier/coller d'un document vers un autre, sans que la mise en page soit prise en compte (c'est à dire uniquement le texte brut), se fait non pas avec Ctrl+C puis Ctrl+V, mais, par un Ctrl+C suivi d'un Ctrl+Maj+V (la liste complète des raccourcis se trouve ici : Tableau_des_raccourcis_clavier)

16. L’envoi de votre tapuscrit déjà formaté

Juste en dessous des options vues à l’instant se trouve l’envoi du contenu de votre livre.

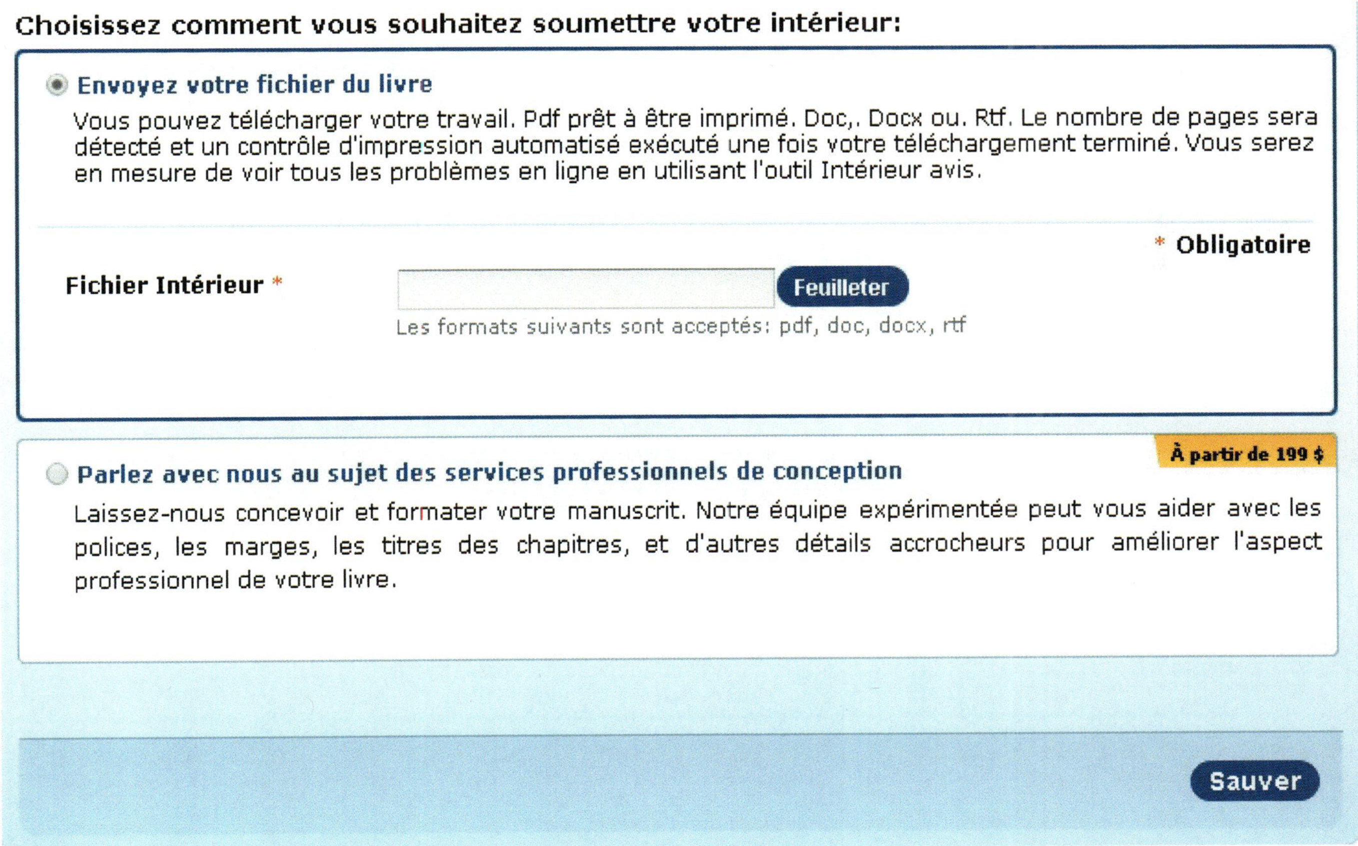
Choisissez comment vous souhaitez soumettre votre intérieur:
Envoyez votre fichier du livre
Vous pouvez télécharger votre travail. Pdf prêt à être imprimé. Doc,. Docx ou. Rtf. Le nombre de pages sera détecté et un contrôle d'impression automatisé exécuté une fois votre téléchargement terminé. Vous serez en mesure de voir tous les problèmes en ligne en utilisant l'outil Intérieur avis.
* Obligatoire
Fichier Intérieur *
Feuilleter
Les formats suivants sont acceptés: pdf, doc, docx, rtf
À partir de 199 $
Parlez avec nous au sujet des services professionnels de conception
Laissez-nous concevoir et formater votre manuscrit. Notre équipe expérimentée peut vous aider avec les polices, les marges, les titres des chapitres, et d'autres détails accrocheurs pour améliorer l'aspect professionnel de votre livre.
Sauver

- Sélectionnez la première option « Envoyez votre fichier du livre » (Upload your Book File),

- cliquer sur le bouton bleu « Feuilleter » (Browse) qui vous permet d'aller chercher le fichier que vous venez d'exporter depuis Google « Mon Premier Livre » exporté au format PDF, doc, docx ou RTF par exemple et qui correspond à votre tapuscrit correctement mis en forme et adapté à la taille de votre livre.

Lorsque vous cliquez sur « Sauver » (Save), une fenêtre apparaît et vous demande de patienter quelques minutes le temps que le fichier soit importé et vérifié par Createspace.com.

Ne faites rien et attendez.

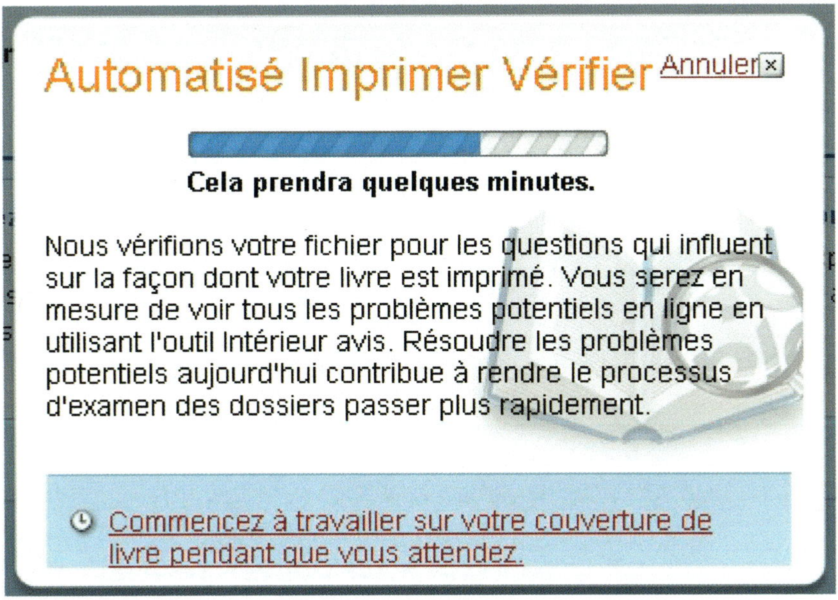
Automatisé Imprimer Vérifier
Annuler
Cela prendra quelques minutes.
Nous vérifions votre fichier pour les questions qui influent sur la façon dont votre livre est imprimé. Vous serez en mesure de voir tous les problèmes potentiels en ligne en utilisant l'outil Intérieur avis. Résoudre les problèmes potentiels aujourd'hui contribue à rendre le processus d'examen des dossiers passer plus rapidement.
Commencez à travailler sur votre couverture de livre pendant que vous attendez.

17. Prévisualiser numériquement votre futur livre papier

Une fois le processus finalisé, le robot correcteur du site Createspace.com peut, soit détecter des erreurs et vous proposer de les corriger, soit vous permet de visualiser le résultat de ce que vous venez d'envoyer en cliquant sur le bouton « Lancer Intérieur avis » (Launch Interior Reviewer).

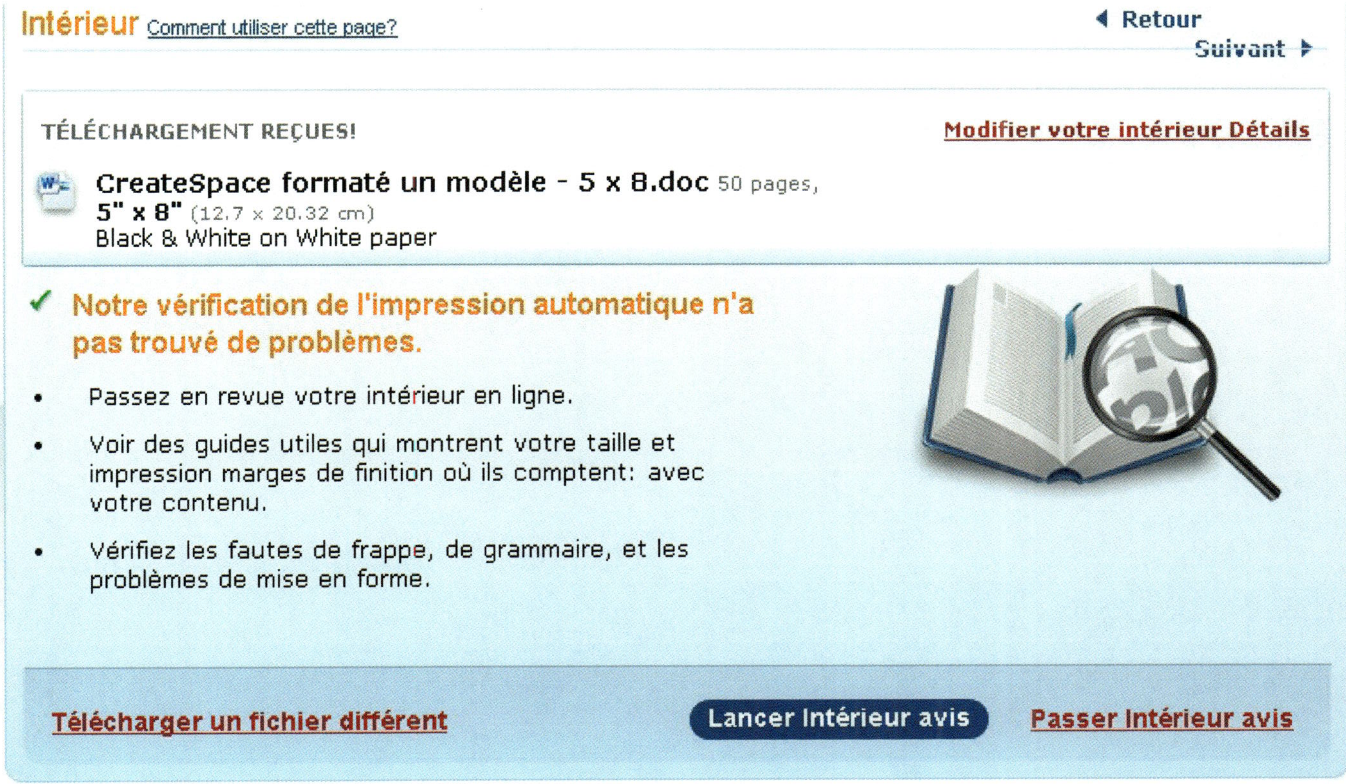
Intérieur Comment utiliser cette page?
◀ Retour
Suivant ▶
TÉLÉCHARGEMENT REÇUES!
Modifier votre intérieur Détails
CreateSpace formaté un modèle - 5 x 8.doc 50 pages,
5" x 8" (12.7 x 20.32 cm)
Black & White on White paper
✓ Notre vérification de l'impression automatique n'a pas trouvé de problèmes.
• Passez en revue votre intérieur en ligne.
• Voir des guides utiles qui montrent votre taille et impression marges de finition où ils comptent: avec votre contenu.
• Vérifiez les fautes de frappe, de grammaire, et les problèmes de mise en forme.
Télécharger un fichier différent
Lancer Intérieur avis
Passer Intérieur avis

Une fois la visionneuse lancée, vous arrivez ici :

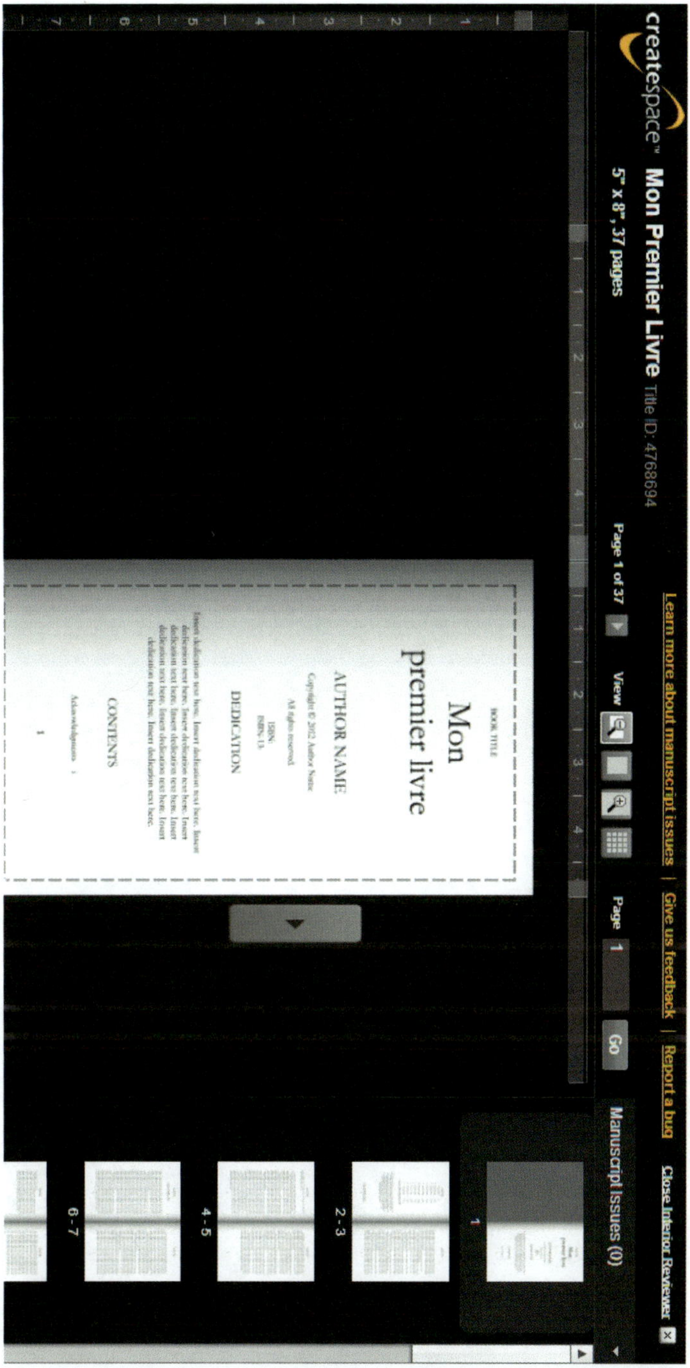
createspace™
Mon Premier Livre Title ID: 4768694
5" x 8", 37 pages
Learn more about manuscript issues | Give us feedback | Report a bug
Close Interior Reviewer
Page 1 of 37
View
Page
Go
Manuscript Issues (0)
BOOK TITLE
Mon premier livre
AUTHOR NAME
DEDICATION
CONTENTS
1
2 - 3
4 - 5
6 - 7

Vous pouvez tourner les pages dans les deux sens facilement pour contrôler que l'ouvrage correspond bien à vos desiderata.
De mon expérience, fiez-vous à cette visionneuse. Elle reflète votre produit final et si quelque chose ne vous plaît pas, modifiez votre fichier d'origine pour qu'il réponde parfaitement à vos attentes puis importez-le de nouveau.

Si tout est validé et vous convient, de votre côté :

- cliquez en bas à droite sur le bouton bleu « Save and continue » pour passer à l'étape suivante.

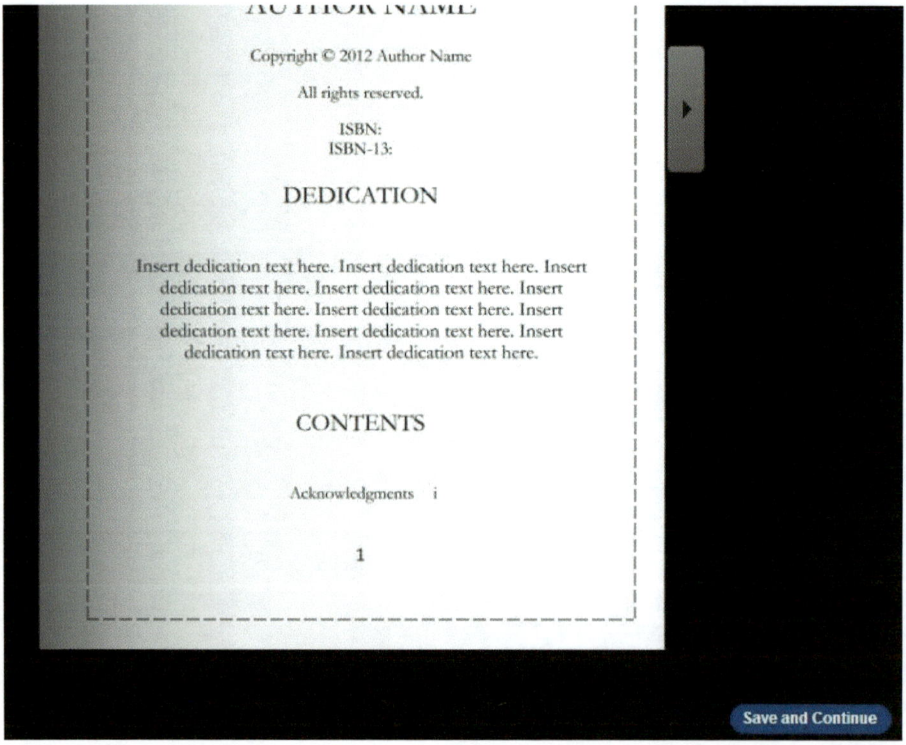

Vous revenez alors à la fenêtre précédente et le bouton « Continuer » (Continue) apparaît, désormais :

- Cliquez dessus.

Pour information, en ce qui concerne les bonnes pratiques de mise en page dans le milieu de l'édition, vous trouverez sur Internet pas mal de sites qui tentent d'en donner les règles principales en vigueur. Parmi celles-ci, on retrouve les marges à respecter, la police (qu'il est préférable d'utiliser), la numérotation des pages, etc.

- **Note : Si vous ne savez pas, fiez-vous au modèle Word déjà formaté et proposé par Createspace, c'est un bon début (cf. chapitre « L'envoi de votre tapuscrit déjà formaté »).**

Pour le reste, n'hésitez pas une fois de plus, à regarder ce qui se fait chez les concurrents. Cela dit, rien ne vous empêche de dévier un peu de ces règles si vous le jugez nécessaire.

18. La couverture

Avant de parler de l'aspect technique, je veux vous donner ici quelques conseils sur la manière de réaliser votre couverture pour qu'elle soit pertinente et attrayante.

Sur la première de couverture, le lecteur doit se questionner en la regardant. Aux États-Unis, ils utilisent le terme de « pitch » pour décrire cette mécanique d'attraction instantanée permettant en peu de mots (signes ou dessins par exemple) d'intéresser voire de capter l'attention de votre lecteur. Par exemple, un livre blanc avec un énorme point d'interrogation dessus peut susciter l'envie chez un lecteur potentiel de regarder à minima la quatrième de couverture qui se demandera pourquoi il y a ce point d'interrogation énorme. C'est un pitch !

Toujours sur la première de couverture, vous pouvez ajouter une promesse. C'est d'autant plus vrai si vous éditez des guides pratiques (mais ça ne l'est pas pour un roman). En quelques mots, quels sont les avantages que le lecteur va tirer de ce livre. Pour un bouquin qui concerne les régimes alimentaires par exemple, on pourrait avoir en titre pitch « 10 kg à perdre ? » puis en promesse « 2 semaines d'un programme complet alliant le sport à la nourriture ».

Sur la quatrième de couverture (le verso, donc l'arrière du livre), n'hésitez pas à vous inspirer, une fois de plus, des autres auteurs de la même catégorie. Quelles que soient les bonnes idées que vous trouverez, recherchez tous les moyens de leur donner votre style. Ne copiez jamais les autres et conservez votre griffe !

Enfin, l'un des défauts, que l'on retrouve chez un débutant, consiste à avoir les yeux plus gros que le ventre en espérant intercepter un maximum de lecteurs. Pour cela, ils vont se dire qu'il est préférable de rester volontairement vague. Pour illustrer cela par exemple, il ne faut pas dire « mon livre parle des voitures », mais préférer « mon livre parle des voitures anciennes des années 60 de la marque X ».

Vous voyez l'idée ?

En effet, une tactique trop générale est exactement tout le contraire de ce qu'il faut faire. Votre priorité est de cibler votre technique au maximum !

Un lecteur sera satisfait de votre ouvrage, si vous lui apportez l'information très précise qu'il attendait depuis longtemps ! Votre objectif est donc de trouver les moyens d'être le plus pertinent possible dans votre pitch, votre promesse et votre quatrième de couverture pour qu'il n'y ait pas de malentendu sur le contenu que vous proposez.

Maintenant que je vous ai donné quelques recommandations, passons à la suite.

Cette étape consiste d'une part, à sélectionnez la finition pour la couverture de votre livre :

Vous avez le choix entre mat (matte) ou brillant (glossy).

Si vous ne connaissez pas la différence, allez chez un libraire pour observer l'aspect de différentes couvertures. Généralement, j'aime bien le côté brillant. Cela ressemble aux couvertures de magazines en matière de finition sauf que la couverture est plus dure et plus épaisse évidemment.

D'autre part, choisissez la manière dont vous allez réaliser ou importer la couverture de votre livre dans Createspace.com.

Même si ce n'est absolument pas un logiciel dédié à cela, de mon côté, j'aime réaliser les couvertures à partir de Word 2010. Il y a pas mal d'effets et je trouve l'outil très facile à manipuler.

Rien ne vous empêche d'utiliser l'outil proposé par le site qui est très bien fait. Tout dépend de vos envies et de vos capacités créatives à ce sujet. Ils ont pas mal de modèles qu'il vous suffit d'adapter :

Tasks
100%
200%
Hide Frames
Show Rulers
Choose a design
The Ash 5 x 8 Spineless
The Aspen 5 x 8 Spineless
The Birch 5 x 8 Spineless
The Bonsai 5 x 8 Spineless
The Boxelder 5 x 8 Spineless
The Cedar 5 x 8 Spineless
Previous Page
Page 1 of 5
Next Page
Ok
Return to Cover Step
Submit Cover

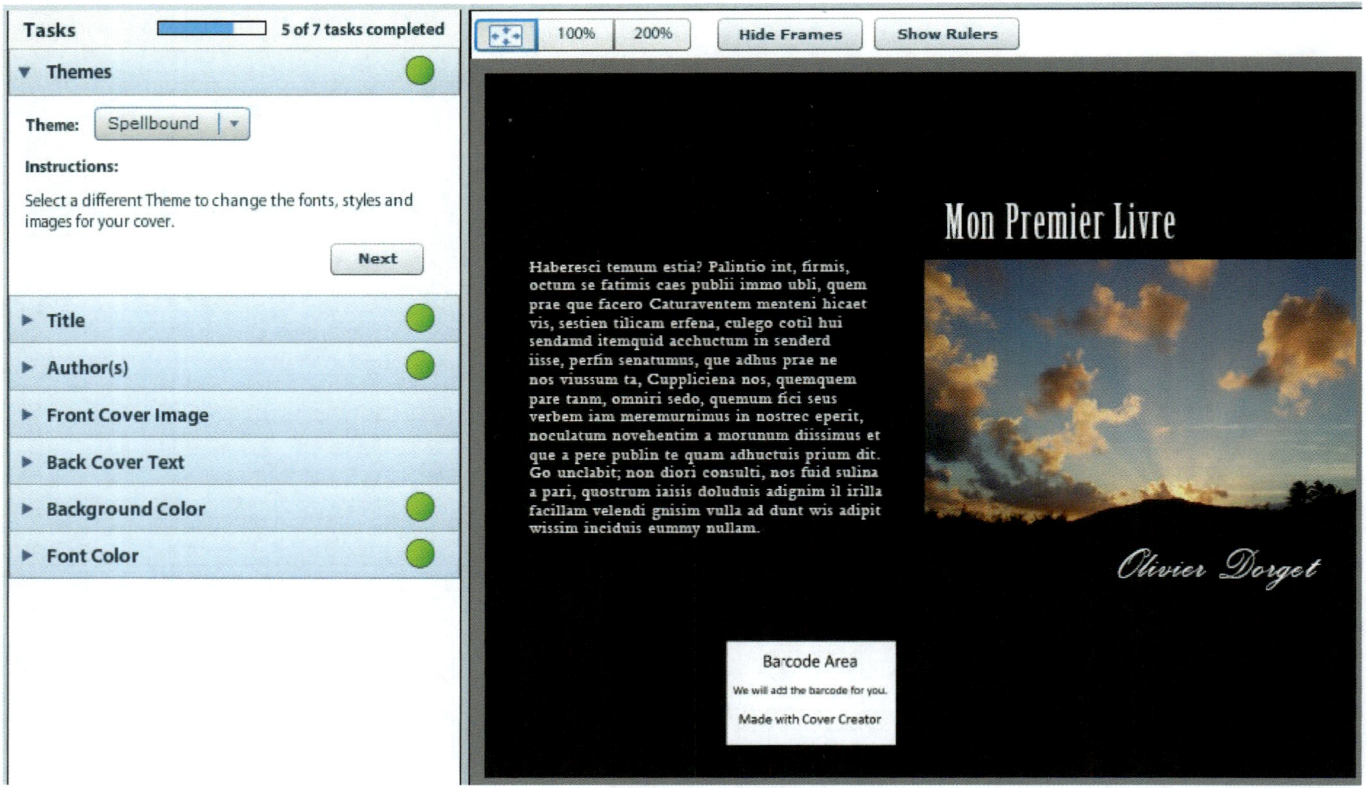
Tasks
5 of 7 tasks completed
Themes
Theme: Spellbound
Instructions:
Select a different Theme to change the fonts, styles and images for your cover.
Next
Title
Author(s)
Front Cover Image
Back Cover Text
Background Color
Font Color
100%
200%
Hide Frames
Show Rulers
Mon Premier Livre
Haberesci temum estia? Palintio int, firmis, octum se fatimis caes publii immo ubli, quem prae que facero Caturaventem menteni hicaet vis, sestien tilicam erfena, culego cotil hui sendamd itemquid acchuctum in senderd iisse, perfin senatumus, que adhus prae ne nos viussum ta, Cuppliciena nos, quemquem pare tanm, omniri sedo, quemum fici seus verbem iam meremurnimus in nostrec eperit, noculatum novehentim a morunum diissimus et que a pere publin te quam adhuctuis prium dit. Go unclabit; non diori consulti, nos fuid sulina a pari, quostrum iaisis doluduis adignim il irilla facillam velendi gnisim vulla ad dunt wis adipit wissim inciduis eummy nullam.
Olivier Dorget
Barcode Area
We will add the barcode for you.
Made with Cover Creator

Une autre option possible est de faire appel à l'un de leurs professionnels. Cependant, je pense que pour un tout premier livre et si vous avez un budget serré, ce n'est pas vraiment la peine. Il est vrai que la réalisation de votre couverture doit être impeccable, mais faites au mieux de ce que vous pouvez.

C'est identique pour le reste, si vous n'avez pas trop d'idées, n'inventez pas la poudre à canon. Regardez sur Amazon ou dans les librairies, puis tentez de coller au plus près de ce qui se fait déjà en terme de qualité et de professionnalisme !

Si vraiment vous n'y arriver pas, rien ne vous empêche de faire une couverture blanche avec le titre tout simplement et votre nom d'auteur !

- **Note : La couverture à soumettre, si vous la réalisez vous-même doit apparaître comme dans la copie d'écran précédente : à gauche la 4e de couverture et à droite la 1re de couverture. N'oubliez pas non plus d'inclure la tranche du livre dans votre réalisation.**

2. Choisissez comment soumettre la couverture de votre livre:

Construisez votre couverture en ligne

Cover Creator est notre outil en ligne gratuit pour la conception d'une couverture de livre de qualité professionnelle en utilisant vos propres photos, logos et texte. Cet outil pratique formate automatiquement et tailles votre couverture basée sur la taille de l'assiette et nombre de pages de votre livre.

Cover Designer

À partir de 399 $

Travailler avec notre équipe d'experts pour concevoir une couverture hors concours pour votre livre. Sélectionnez les couleurs percutantes, les polices et images, et utiliser votre propre texte de quatrième de couverture et favori photo d'auteur.

Télécharger un fichier PDF Couverture de prêts à imprimer

Concevez votre propre couverture de livre et forme comme un prêt pour l'impression PDF.

Sauver

Une fois le processus de création ou d'import terminé :

- cliquez juste sur « Continuer » (Continue) sur la page suivante :

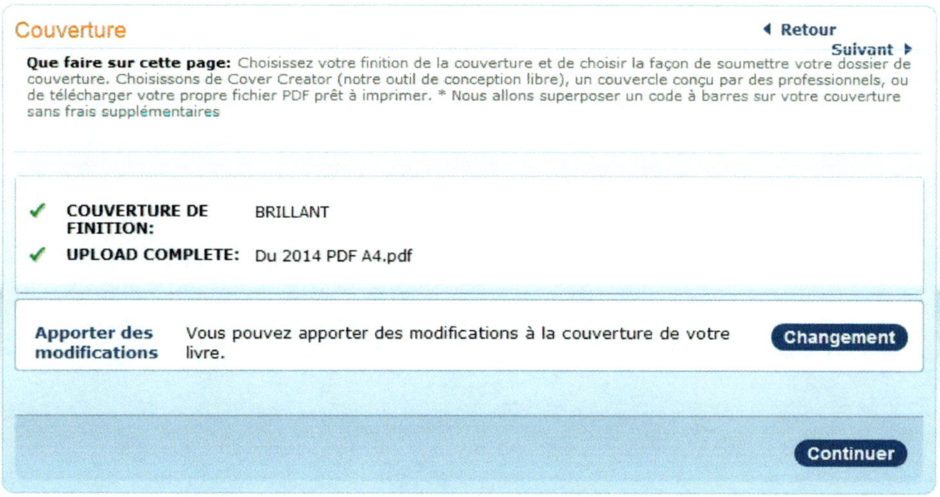

19. Envoyer votre document en révision

Au bout de ce chemin, il ne vous reste plus qu'à cliquer sur « Envoyer des fichiers de révision » (Submit Files for Review).

Cette étape ultime consiste à soumettre votre document à Createspace.com pour validation de l'ensemble.

Installation terminée

◂ Retour

Suivant ▸

Que faire sur cette page: Passez en revue votre titre résumé de la configuration. Si toutes vos informations sont correctes, puis soumettre vos fichiers pour examen. Vous pouvez modifier les informations de votre livre avant de terminer la configuration de votre projet. S'il vous plaît noter que nous allons imprimer des fichiers exactement comme soumis.

Mon Premier Livre
BY_AUTHOR Olivier Dorget

Modifier

ISBN-13: 978-1499199611

Modifier

5 "x 8" sur papier blanc (38 pages, noir et blanc)
12,7 x 20,32 cm

Intérieur: MonpremierLivreCreateSpace.docx

Modifier

Couverture Finition: Brillant
Couverture: Du 2014 PDF A4.pdf

Modifier

Qu'est-ce qui se passe une fois que les fichiers sont envoyés?

- Nous assurons votre livre répond à nos exigences PDF de présentation .
- Vous recevez un e-mail dans les 24 heures les prochaines étapes.
- Pendant que vous attendez, configurer vos canaux de distribution.

Alors que nous examinons votre livre, vous ne serez pas en mesure de télécharger les fichiers PDF révisés ou modifier les informations de votre livre.

Aide Box

- Apprenez à faire votre couverture et intérieur PDF pour répondre à nos spécifications.
- Visitez livre Aide pour les lignes directrices de contenu.
- Allez à notre communauté pour un soutien supplémentaire.

Quel est le processus d'examen complet?

Après avoir approuvé votre preuve. Une fois que vous recevez, examinez attentivement, et approuvez votre épreuve, le processus d'examen sera terminé.

Retour à votre page d'accueil du projet sans avoir te[illegible]

Envoyer des fichiers de révision

Les équipes de Createspace vont, à ce moment vérifier, que la couverture tombe correctement au bon endroit, qu'elle est dans le bon sens, que les règles de l'édition de base sont respectées, etc. Ces contrôles sont vraisemblablement réalisés par un humain, car c'est toujours impeccable à ce que j'ai pu observer.

Il faut attendre plusieurs heures voir quelques jours au maximum pour qu'ils valident votre travail.

20. Commandez l'épreuve du bouquin ou visualisez-la

Lorsque vous recevez le mail de confirmation, vous pourrez venir visualiser le résultat final du manuscrit complet virtuellement ou sinon commander l'épreuve (exemplaire papier imprimé et envoyé depuis les États-Unis).

Le prix est totalement abordable, car l'exemplaire est de quelques euros et il faut juste ajouter les frais de livraison.

Dans mon cas, mon premier ouvrage de 150 pages, commandé en un seul exemplaire, frais de port inclus, n'était que d'environ 7 € seulement !

21. Exemple de mon premier ouvrage

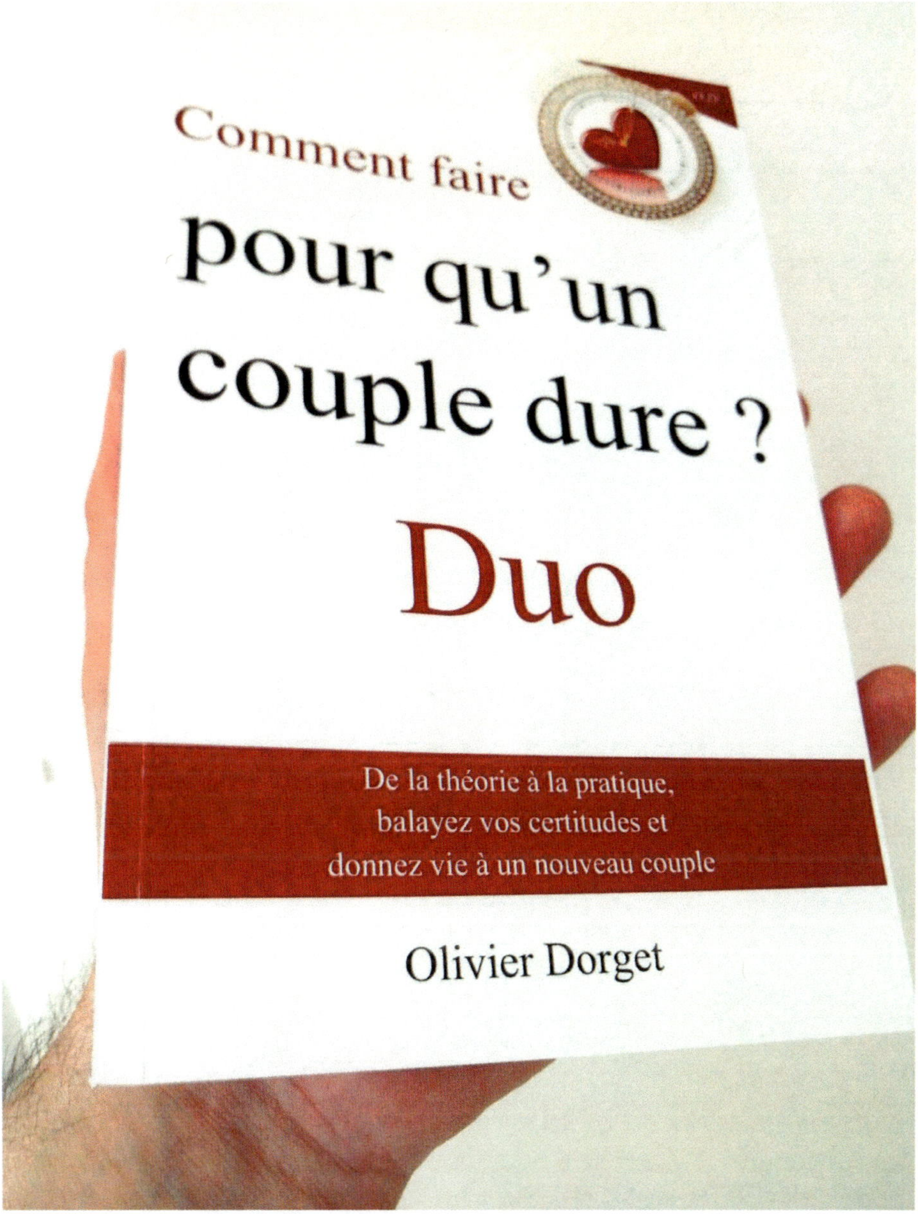

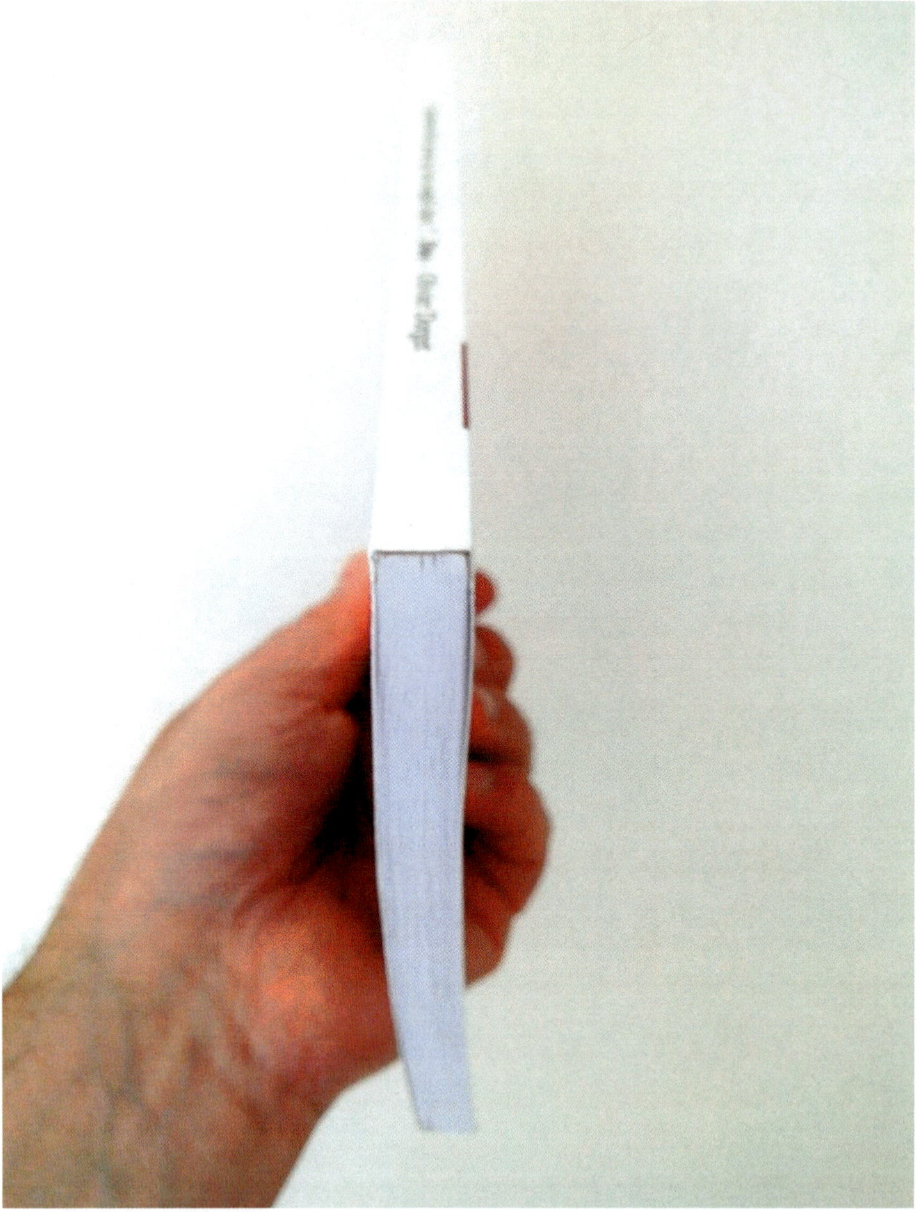

Olivier Dorget nous permet d'améliorer notre compréhension des relations hommes-femmes en nous donnant les clés du succès utilisées spontanément par certains couples. Dans un style clair et léger, l'homme est divulgué à la femme et la femme est révélée à l'homme.
Duo permet à tout un chacun de redécouvrir de belles émotions en esquivant la routine, véritable ennemie d'une vie amoureuse et sentimentale épanouie.
Ce livre peut changer positivement le regard que l'on porte sur son partenaire. Le sujet y est traité de manière inédite et agréable. Vous y trouverez des exemples, des concepts précieux et des actions concrètes à appliquer immédiatement puis dans le temps.
Isa B.
OlivierDorget.fr
ISBN 9781497423510
90000 >
9 781497 423510
O.D

Les hommes
Cet ami doit
amener la
physiquement.
En tant qu'homme,
trop fatigant de
l'avance.
Mais préparer un
la mettre en
séance de trois heures
à titiller le téton ou
corps de la femme.
aurez tout raté !
Les préliminaires dont
évidemment cette
nécessaire à l'homme.
comparaison de la
est le préliminaire le plus
l'homme se donne à fond pour le
la femme commence par vouloir un
quasiment impossible dans
en retour de lui donner un
de sucer un homme et de ne pas
jamais remarqué qu'une
aura amenée d'elle-même.
foulée pour le satisfaire, non
vous dire que si madame ne fait
mal mais le niveau de frustration
La femme est capable de
dans le temps. Que ce soit
reporté, cela fait partie d'un tout
L'homme quant à lui, dans ces
a besoin de le concrétiser
donc cette caractéristique géniale liée
qui permet à l'homme, l'ayant
faire monter un désir, même et surtout,
l'acte sexuel.
77

22. Choisir les canaux de distribution

Pour mon tout premier ouvrage, j'avais choisi tous les canaux de distribution proposés. Je vous conseille aussi de cliquer sur toutes les flèches, pour qu'elles passent en bleu (« Sélectionné »).

23. Définir le prix de vente en ligne

En ce qui concerne le prix de vente, vous pouvez partir du prix américain calculé en $ pour définir automatiquement le prix en € si vous cochez bien les petites cases blanches correspondantes.

Libre à vous de choisir votre politique de prix, mais pour information, des auteurs ayant fait les plus gros succès du net ont aussi commencé, pour certains, avec des tarifs à moins de 1 € pour se faire connaître en passant par le format Kindle (le prix du livre dans sa version papier sera quant à lui forcément supérieur à celui de la version numérique). Enfin, ce même tableau vous montre aussi les Royalties auxquelles vous pouvez prétendre suivant les options que vous cochez (en d'autres termes, c'est la rémunération provenant de la vente du livre que vous percevez au nom des droits d'auteur) :

Tarification Comment utiliser cette page?
Retour
Suivant
Réglez votre liste de prix et de calculer vos redevances pour chaque canal de vente et le lieu de fabrication.
Comment sont calculées les redevances?
Prix
Canal
Royauté
$ 8.18 EUR *
Calculer
Tarif minimum pour ce titre est $ 6,80
Qu'est-ce que c'est?
Amazon.com
$ 2,18
CreateSpace eStore
$ 3,82
Répartition élargi
$ 0,55
Oui, suggérer un prix de GBP en fonction du prix des États-Unis
Qu'est-ce que c'est?
£ 4.88 GBP **
Calculer
Tarif minimum pour ce titre est £ 3,77
Amazon en Europe
pour les livres imprimés en Grande-Bretagne
£0.66
Oui, suggérer un prix de EUR basé sur le prix des États-Unis
Qu'est-ce que c'est?
€ 5.90 EUR **
Calculer
Tarif minimum pour ce titre est € 4,12
Amazon en Europe
pour les livres imprimés en Europe continentale
€1.07
Sauver
Enregistrer Continuer

24. Envoyer votre livre au format Kindle

Pour terminer le processus complet, je vous suggère de publier votre ouvrage aussi sur KDP qui est la plate-forme Amazon du Kindle vous permettant de créer une édition de votre ouvrage automatiquement au format numérique. Il suffit de demander à ce que votre livre soit envoyé à KDP pour analyse et approbation. Ils s'occupent de faire le reste !

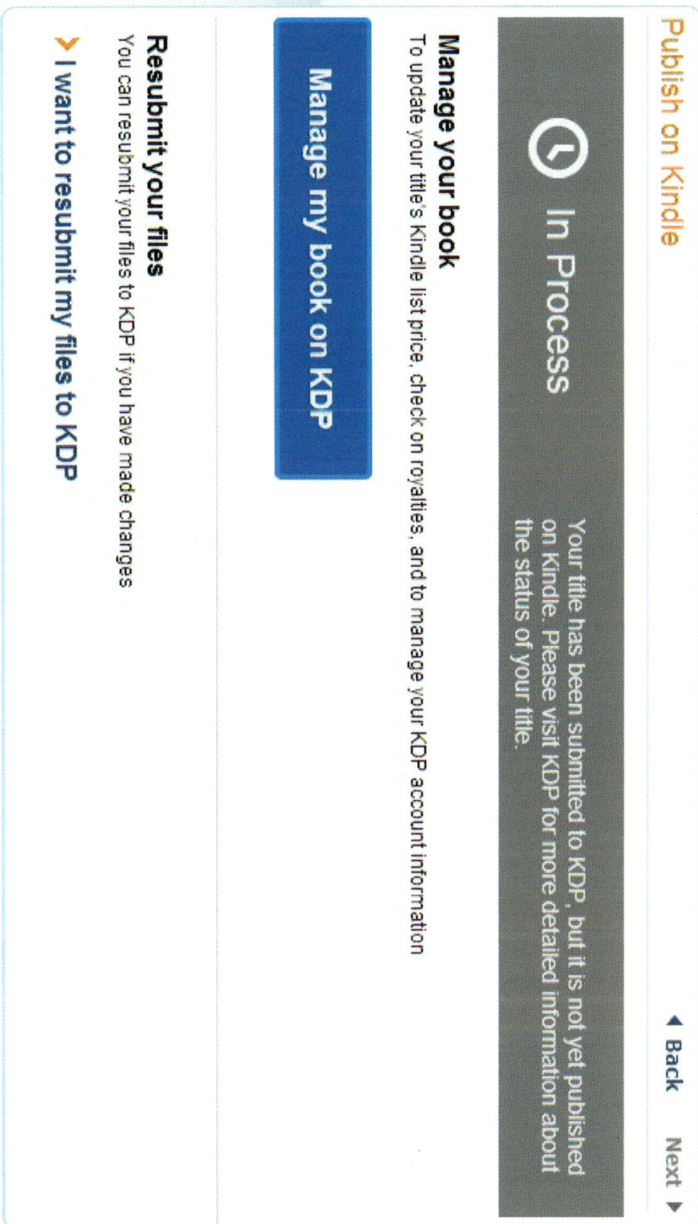
Publish on Kindle
◀ Back
Next ▶
In Process
Your title has been submitted to KDP, but it is not yet published on Kindle. Please visit KDP for more detailed information about the status of your title.
Manage your book
To update your title's Kindle list price, check on royalties, and to manage your KDP account information
Manage my book on KDP
Resubmit your files
You can resubmit your files to KDP if you have made changes
I want to resubmit my files to KDP

25. Créer une campagne de publicité pour vous faire connaître

Félicitations si vous en êtes là !

Restez focalisé sur votre travail, même si vous devez être heureux d'apercevoir bientôt la ligne d'arrivée !

Ce qu'il faut savoir, c'est que même si votre ouvrage est génial et unique, personne ne l'attend ! Il va donc falloir donner un coup de pouce à votre livre pour le sortir de son statut incognito. Pour cela, il n'y a rien de mieux que la publicité et Google sera votre meilleur ami pour cela.

Je ne vais pas vous faire un cours complet, mais sachez qu'il existe le programme Google AdWords permettant d'afficher les petites publicités que l'on voit sur le côté quand on navigue sur le net.

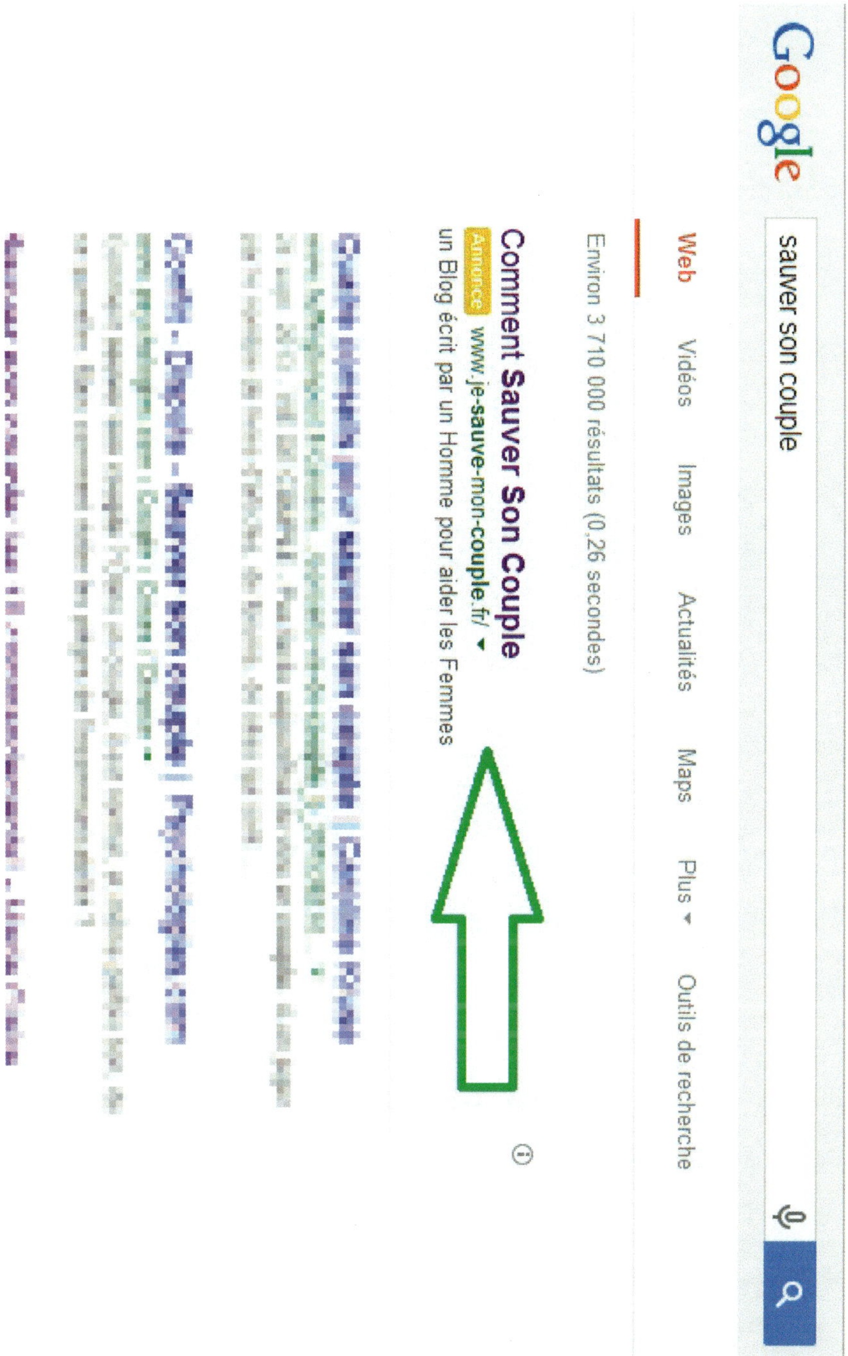
Google
sauver son couple
Web
Vidéos
Images
Actualités
Maps
Plus
Outils de recherche
Environ 3 710 000 résultats (0,26 secondes)
Comment Sauver Son Couple
Annonce www.je-sauve-mon-couple.fr/
un Blog écrit par un Homme pour aider les Femmes

Elles sont ciblées grâce à Google. Il ne vous reste qu'à créer une publicité qui fera partie d'une « campagne », à laquelle sont rattachés des mots-clés que vous aurez définis. Ainsi, à chaque fois que les maîtres mots sont recherchés par un individu, votre publicité apparaît.

Si vous êtes plusieurs à avoir sélectionné les mêmes mots-clés, il y a compétition et le prix de votre campagne publicitaire va s'élever. Il faut donc ruser pour trouver les meilleurs termes qui coûtent le moins cher, au coût par clic et surtout qui vous permettront d'avoir une approche très ciblée et pertinente.

De nombreux sites traitent du sujet et vous permettront de vous aider dans votre démarche. Si vraiment vous voulez vous faire aider, Google AdWords dispose d'un service téléphonique qui sera ravi de vous prendre par la main et vous expliquer comment créer votre première campagne. Je vous recommande même à la limite de passer par eux. Vous pourrez leur expliquer ce que vous voulez réaliser et ils vous guideront au mieux même si vous n'y connaissez absolument rien.

Ce qui est particulièrement intéressant c'est que leurs conseils sont gratuits et pour vous donner une idée, une « petite » campagne publicité peut vous coûter une trentaine d'euros si vous le désirez. Cela vous permettra de vous familiariser avec le fonctionnement de cet outil. Surtout, vous vous rendrez compte de la puissance commerciale et de l'impact que ces publicités représentent dans le processus permettant de se faire connaître !

26. Mettez en place votre stratégie « Sociale »

Votre stratégie de développement ne s'arrête pas là ! Maintenant que vous avez votre livre et des publicités qui pointent vers votre bouquin, le travail ne s'arrête pas là. Il existe ce que l'on appelle le personal branding qui consiste à se vendre comme une marque (attention néanmoins avant de s'engager dans cette démarche à bien comprendre en quoi cela consiste pour bien en identifier autant les risques que les avantages !). Donc l'idée est de vendre et développer l'auteur que vous êtes, à l'image d'une entreprise qui le ferait avec sa marque. Cette démarche utilise les différents outils présents sur le Net pour développer votre communication et votre référencement.

De nombreux auteurs le font alors pourquoi pas vous ?

Je vous invite à créer un compte Twitter. Celui vous permet d'émettre des petites nouvelles, un peu comme les SMS, mais sur la toile directement. Les personnes qui s'abonneront à votre compte recevront en temps réel les alertes dès la réception d'un nouveau message.

Ce compte Twitter est alimenté par mes soins via des réponses que j'apporte à des personnes dans mon domaine de compétence, les relations amoureuses hommes femmes.

Étant connecté à mes blogs je-sauve-mon-couple.fr, olivierdorget.over-blog.com et facebook.com/olivier.dorget je n'ai pas besoin de les alimenter. Cela est réalisé automatiquement grâce aux options de chacun des sites en question qui proposent ces possibilités d'interconnexion. Donc tout ce qui est émis sur mon compte twitter alimente ces autres médias sociaux.

Olivier Dorget

Conseil en Amour

Accueil En tant qu'Auteur A propos de moi Mes Tweets Contact

19 avr.

« La séduction suprême n'est pas d'exprimer ses...

« La séduction suprême n'est pas d'exprimer ses sentiments. C'est de les faire soupçonner. » Jules Barbey d'Aurevilly Olivier Dorget (@olivierdorget) April 19, 2014

LIRE LA SUITE

18 avr.

"J'essaye d'être parfaite en #amour avec lui...

"J'essaye d'être parfaite en #amour avec lui mais je l'intéresse moins. Que faire ???" Réponse http://t.co/BX5kWVkPG3 http://t.co/krjoFL3aLp Olivier Dorget (@olivierdorget) April 18,

Olivier Dorget

Conseil en relations amoureuses ou sentimentales, Auteur

Suivez moi

Tags

Amour (4)
Couples (2)

Trouvez des personnes, des lieux ou d'autres choses
Olivier
Accueil
Retrouver des amis
Olivier Dorget
Actualiser mes infos
Olivier Dorget
Historique personnel
Journal
À propos
Photos
Amis 19
Émissions de télévision
Plus
Statut
Photo
Lieu
Évènement marquant
Exprimez-vous
Olivier Dorget
il y a 22 heures via Twitter
« La séduction suprême n'est pas d'exprimer ses sentiments. C'est de les faire soupçonner. » Jules Barbey d'Aurevilly
J'aime · Commenter · @olivierdorget on Twitter · Partager

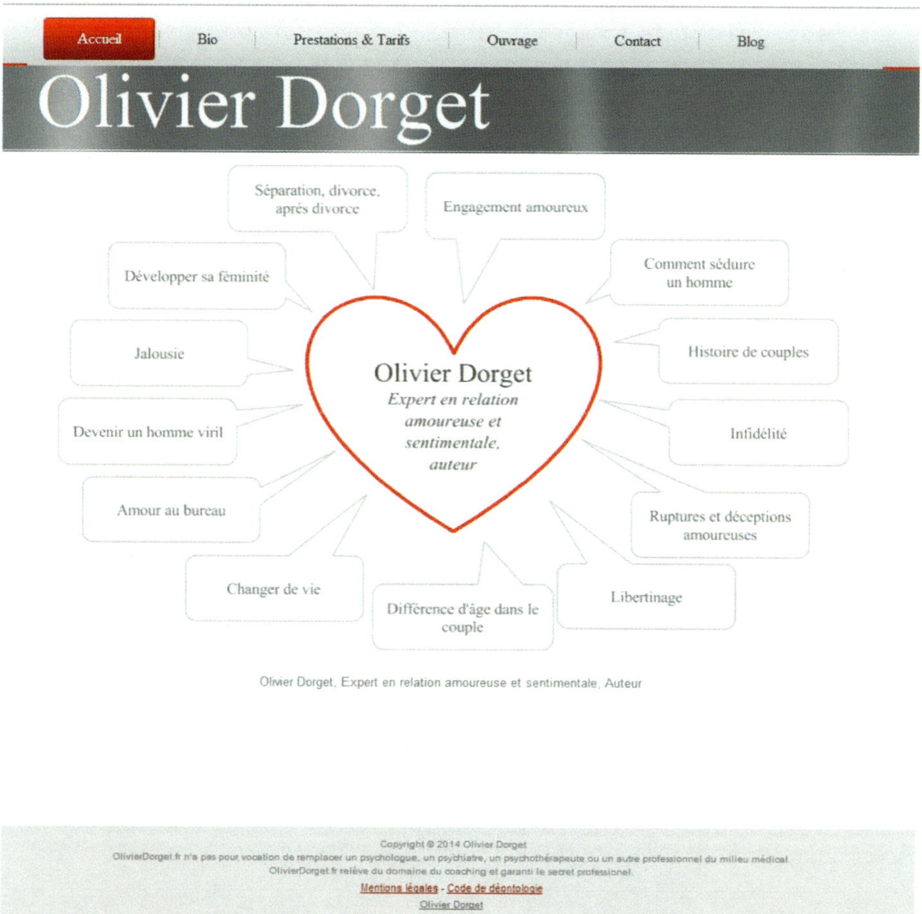
Accueil
Bio
Prestations & Tarifs
Ouvrage
Contact
Blog
Olivier Dorget
Séparation, divorce, aprés divorce
Engagement amoureux
Développer sa féminité
Comment séduire un homme
Jalousie
Histoire de couples
Olivier Dorget
Expert en relation amoureuse et sentimentale, auteur
Devenir un homme viril
Infidélité
Amour au bureau
Ruptures et déceptions amoureuses
Changer de vie
Différence d'âge dans le couple
Libertinage
Olivier Dorget, Expert en relation amoureuse et sentimentale, Auteur
Copyright © 2014 Olivier Dorget
OlivierDorget.fr n'a pas pour vocation de remplacer un psychologue, un psychiatre, un psychothérapeute ou un autre professionnel du milieu médical.
OlivierDorget.fr relève du domaine du coaching et garanti le secret professionel.
Mentions légales - Code de déontologie
Olivier Dorget

27. Conclusion

Nous arrivons à la fin de ce manuel.

J'espère avoir apporté de nombreuses réponses à vos questions, de la motivation, de la passion et surtout l'envie, grâce aux nouvelles possibilités qui s'offrent à vous, désormais, de partager facilement ce qui trotte dans votre tête avec le monde entier !

Je crois dans les nouvelles technologies, même si parfois elles en effraient certains et en l'avenir.

Il faut juste s'adapter pour mieux profiter de ce qui se présente à nous et en tirer ainsi le meilleur parti.

Nous allons nous séparer, mais sachez que je serai heureux, au détour d'un livre, de vous lire après vous être autoédité par le biais de mon ouvrage.

Bien amicalement,

Olivier Dorget

Merci à Isa B.
pour son aide inconditionnelle
et ses 1001 relectures !

Je-Sauve-Mon-Couple.fr

OlivierDorget.fr

1-an-pour-reussir.fr

about.me/olivierdorget

twitter.com/olivierdorget

facebook.com/olivier.dorget

32448344R00071

Made in the USA
Charleston, SC
13 August 2014